読みなおす日本史

歴史的仮名遣い

その成立と特徴

築島裕

吉川弘文館

はしがき

昭和二十一年十一月、第二次世界大戦が終ってわずかに一年余、東京の町は、まだ焼け跡にトタン板のバラックが建っているようなころであったが、内閣訓令によって「現代かなづかい」が公布された。そして、この後は、公式の文書をはじめとして教科書も新聞・雑誌も、全部この新しい仮名遣いが使用されることになった。

この政策は、「国語審議会」(当時は文部省の中に設けられていた)の答申を受けて、内閣総理大臣の名で公布されたものであるが、軍備全廃、財閥解体など、日本の社会の根底をゆるがす重大な変革が、次々と実行されていた当時としては、仮名遣いの改訂などは、取るに足りない瑣末なこととしか映らない人々も多かったであろう。しかし、戦前から戦後にかけて、「歴史的仮名遣い」を一生懸命に勉強して覚え、日記や手紙を書き、学校の試験の答案ももちろん、これで書いていた世代の中には、大きなショックを受けた人も、少なくなかったに違いない。私も実は、その一人であった。

そのころより少し前から、私は大学の国文学科の学生だった。卒業論文も、国語史の中で何かテーマを捉えて書きたいと思っていたから、仮名とは何か、仮名遣いとは何か、という問題についても、人一倍深い関心を抱いていた。

その当時、公布された「現代かなづかい」は、マスコミの世界にいち早く受け容れられ、教科書の検定基準にも採用されて、燎原の火のように広まり、国語学・国文学の世界でも、この新しい仮名遣いに転向する人が少なくなかった。ことに、国語学者の中には、旧仮名遣いを守る人はほとんどなく、大多数の人々は、新しい仮名遣いを使用した。むしろ国文学関係者の中に、旧仮名遣い使用者が比較的多く見られ、また、作家や外国文学研究家の中に、この流れの人々が多いように見受けられた。

私の恩師である時枝誠記先生（故人）は、旧仮名遣いを捨てない一人であられた。先生は「現代かなづかい」についての論文を公表して、その論理的不整合性を鋭く批判された。若年の私は、その論旨から強い影響を蒙った。同時に公布された漢字制限は、「当用漢字」であり、間に合せの一時的なもので、いずれ恒久的な定着した形が定められるまでの、一時的、過渡的なものとの印象が強かった（それは三十五年後の昭和五十六年に「常用漢字」に変貌したのだが）が、「現代かなづかい」の中にも、旧仮名遣いを基にして作られた妥協的な条項が多く、そのうちに、さらに改訂されるかも知れない、という雰囲気が感じ取られた。

それが、どのように推移するかをしばらく静観することとして、とにかく、いま直ちに新方式に転換することは見送ろうという慎重論を自分なりに構成して、自分で書く論文の原稿については、以前通りに旧仮名遣いで通して来たのだが、気が附いて見ると、すでに四十年近くの年月が経ってしまった。

　昭和二十一年から四十年という期間を、古い方へ遡ってみると、明治三十八年になる。明治初年以来の庶民教育がようやく流布して、歴史的仮名遣いが一般国民のものとして定着した時期からさほど隔たっていない年代である。ということは、「現代かなづかい」は、その公布から今日まで、すでに「歴史的仮名遣い」の流伝した年数と、ほとんど同じほどの年数を経てしまったことになる。旧仮名遣いも、古典教育や、和歌・俳句の世界などで細々と行われてはいるが、日常の生活の中に使用されることは、ほとんどなくなってしまったように見える。

　しかし、少し深く考えてみると、いろいろ問題がある。まず、昭和二十一年の「現代かなづかい」は「歴史的仮名遣い」を基にして、それを修正する形で構成された規則であった。極端に形式的な言い方をするならば、「歴史的仮名遣い」を知らなければ、「現代かなづかい」は正しく使えない、とも言えたわけである。もちろん、現実には、「歴史的仮名遣い」など抜きにして、「現代かなづかい」が学校で教えられ、世間に広く行われてはいるが、それは、国語辞典や表記必携の類によって、しかるべきガイダンスが提供されているから実行可能であるに過ぎないのであって、「現代かなづかい」の規則を直接見ながら文章を綴っている人などはほとんどいないと言ってよいであろう。最近、「現代かなづかい」について、さらにこれを見直そうとする風潮が起り、昭和六十一年三月に、国語審議会は文部大臣に対して、「改定現代仮名遣い」を答申した（同年七月一日付の内閣告示で、「現代仮名遣い」

として公布された)。こんな時節に、「仮名遣い」というものの本質について、少し考えを深め、ことに、「歴史的仮名遣い」の由来や、その実態について述べて見るのも、あながち無意味でもなかろうと考えるようになって来た。

しばらく前に、中央公論社から発行された「日本語の世界」シリーズの中の一冊を、「仮名」という題で執筆した。漢字から万葉仮名、それからさらに平仮名・片仮名と日本化への道を歩んで行ったプロセス、その間に生じた種々の現象、漢字と仮名との混用による複雑な文体の発達・展開などに及んだのであったが、それと併せて、仮名遣いの問題も取り上げた。しかし予定の枚数を超過してしまい、他の巻との兼ね合いもあって、多くの枚数を割愛せざるを得なかった。仮名遣いについて述べた一節も、その中に入っており、あの本では、仮名遣いのことはほとんど触れずじまいになってしまった。しかしこの問題は、仮名という文字が日本語の歴史の中で出会った、一つの大きな節目であって、これを解決しなければ、本当に仮名について語り尽したことには、どうしてもならないと思っていた。たまたま、中央公論社の岩田堯氏から、「歴史的仮名遣い」という題で一冊の新書をまとめて見ないかという誘いがあった。岩田氏は、前の「仮名」の時にも終始大変お世話になっており、私としても気が進んで、少し構想を練り始めた。しかし、まもなく、いままで研究された分野だけでは、必ずしも全体を覆い尽せないことに気がついた。仮名遣いの起源、その伝承などについては、すぐれた先学の研究に啓発され、いくらかの知見を得たこともあるが、ことに、近世における仮名遣いの実態、明治初期における「歴史的仮名遣い」の流布の事情などについては、必ずしもすべてが明らかにされたとは言い切れない。新たに調査研究しなければならないことが随分と多いように思われる。

限られた短い期間の中で、このような大きな問題を、適切にまとめることが出来るかどうか、十分な自信もなかったが、一つには自分自身の勉強のためとも考えて、筆を起すことに踏み切った。

年来、「歴史的仮名遣い」と「現代かなづかい」の是非について、論ぜられるところが多いが、単にその両者を比較検討するだけに止まるのでなく、歴史的仮名遣いが、どのような原理に基づいて成立し、どのような事情の下で発達して来たのか、という知識は、案外、一般に広まっていないように感じられる。このような知識が、すぐに仮名遣い問題の解決に役立つというような短絡した考え方をするわけではないが、もし、この問題の本質を見据え、方策を考えて行く上で、読者各位にとって、何らかの参考になるところでもあれば、この上ない幸いである。

目次

はしがき
序　仮名遣いとは何か　一
一　仮名遣いはなぜ起ったか
——いろは歌の成立とその展開　二〇
二　仮名遣いの説の始まり
——定家仮名遣いの出現　三九
三　中世における仮名遣い説の諸相
——定家仮名遣いへの追随と批判　五三
四　仮名遣いの説の大転換
——契沖の仮名遣い説　七七

五　歴史的仮名遣いの発展
——契沖説の継承と考証の深まり　一〇三
六　字音仮名遣いについての研究
——漢字音研究の仮名遣い説への導入　一三〇
七　明治時代以後の仮名遣い
——歴史的仮名遣いの飛躍的普及　一四〇
おわりに　一六七
注　一六九
参考文献　一八一
歴史的仮名遣いの要点　一八三
『歴史的仮名遣い』を読む　月本雅幸　二〇一
索　引

序　仮名遣いとは何か

「現代かなづかい」と「歴史的仮名遣い」

今日、世間一般に広く行われているのは、ほとんどすべてが「現代かなづかい」である。これは、昭和二十一年十一月十六日付で、内閣訓令によって公布されたもので、それ以来、小・中・高校の教科書をはじめとして、新聞・雑誌などに広く採用されている。戦後、教育を受けた世代——といっても、昭和十五年生れぐらいから以後の人々だから、いまでは、全人口の七割以上を占めていると思うが、これらの人々にとっては、「現代かなづかい」以外の「仮名遣い」というものに接する機会は、きわめて少ないのが現状である。

しかし、昭和二十一年より以前は、事情は全く異なっていた。すなわち、世間で行われていたのは、「歴史的仮名遣い」（旧仮名遣い）が、ほとんど唯一のものであった。学校の教科書も、新聞・雑誌も、すべて「歴史的仮名遣い」であった。全国民が、小学校時代から、この仮名遣いによる教育を受けていたわけだから、新しい仮名遣いになったといっても、そんなに簡単に「歴史的仮名遣い」が忘れられてしまうことはないと、その当初は思ったりもしたが、その後四十年近く経った今日になって見ると、もはや、「歴史的仮名遣い」を使いこなせる人は、年配の人の中でも、ほとんどいなくなってしまい、はるか昔のことのように思われてしまっている。学校の教育よりも、マスコミなどの社会教育の方が、はるかに強大な結果を招くものだということを、しみじみ感じさせられる。

戦後間もないころは、作家などで、「歴史的仮名遣い」で書く人がいた。なかでも谷崎潤一郎氏は有名であるが、そのような作家もだんだん故人となって、いまでは、福田恆存氏、丸谷才一氏など、数えるほどになってしまった。国語国文学や外国文学の研究者の中には、いまでも「歴史的仮名遣い」を使う方が少しおられるが、以前から使用していたからという年配の人々ばかりでなく、若い人の中でも、古代の文献を解読するについて、そのよみ方に馴れるために「歴史的仮名遣い」を使うのだという人もまれにはいる。

「現代かなづかい」は、「当用漢字」千八百五十字と同時に公布されたものだが、これらの国字改革をめぐって、当初から賛否の論が闘わされていた。それらの中で、「当用漢字」については、国語審議会でも取り上げられ、紆余曲折を経た結果、昭和五十六年には、百字ばかりを増加した「常用漢字表」千九百四十五字が公布されて、一段落した観がある。

これに対し、「現代かなづかい」の方は、その後、議論の対象とはなりながらも、公の問題として取り上げられることなしに経過したが、しばらく前から国語審議会で取り上げられて、審議が進められ、昭和六十一年三月に、「改定現代仮名遣い」が答申されたことは、前にも述べたとおりである。

「漢字」の方は、いわば個別的な問題で、一字一字ごとの漢字が対象となるから、ある意味では、議論も処理しやすい面があるともいえようが、「仮名遣い」の方は、全体として一つの体系を成しているものだから、一部分だけを取り上げて論ずることができない。このような意味では、たしかに「仮名遣い」の方が、面倒な問題と言わざるを得ない。

「現代かなづかい」についての多くの議論の中で、『国語と国文学』(昭和二十二年二月号)誌上に掲載された、時枝誠記博士の「国語審議会答申の『現代かなづかい』について」という著名な論文がある。これは、主として「現代かなづかい」の規則の立て方についての批判であって、一方では、現代語に基づくという発音主義で行きながら、他方では、「歴史的仮名遣い」を本体としてそれを訂正するという方針を取っており、この二つの異なった観点からする矛盾の問題を取り上げておられる。これは純粋に学理的な見地からする議論であって、共鳴された向きも多かったようである。一方、現実の内閣訓令というものは、多分に妥協的・政治的な要素を含むもので、「歴史的仮名遣い」だけだった世界から、新しい発音的仮名遣いへと転向しようとした当時の政策が、右のような論理的に不整合な規則を生み出したのであろう。その意味で、「現代かなづかい」も、戦後の混乱期の歴史的産物の一つと見てよいであろう。

それはともあれ、「現代かなづかい」が「歴史的仮名遣い」を、多くの部分について、その出発点としていることは、疑いもない事実である。助詞の「を」「は」「へ」を、発音通りに「お」「わ」「え」

で書かないことなどは、ただ「歴史的仮名遣い」を踏襲したという、それだけの理由しかないのである。その他、数え上げればいくらもあることだが、「現代かなづかい」について、その本質を知るためには、「歴史的仮名遣い」の理解が、どうしても必要になってくる。この二つが、互いに無関係な、別々なものであると考えたら、それは大きな誤解である。

「歴史的仮名遣い」は、たしかに「不合理」な面を持っている。「今日《きょう》」を「けふ」と書き、「会長《かいちょう》」を「くわいちやう」と書くことを一々記憶するのは、いかにも煩わしいことに違いない。しかし、どうしてこのような仮名遣いが作られたのか、また、それがどうして昭和二十一年まで、社会一般に通用して来たのか、そして、現在でも国文学や漢文などの「古文」の中では、依然として教科書をはじめとして広く行われているのはなぜか——このような問題について、私なりの追求をして見たいと思う。それは、「仮名遣い」というものの本質を解きほぐすことにもなり、日本語の歴史の一環にも触れ、さらに進んでは、日本文化史の一面をも窺うのに役立つのではないか——そんな目標をひそかに抱きながら、この一篇の筆を起すこととしたい。

「仮名遣い」の二つの意味

「仮名遣い」とは、簡単にいえば、「仮名の遣い方」という意味であるが、少し詳しく考えて見ると、場合によって、ニュアンスの違った、いろいろな意味に使われていることがわかる。

まず第一に、ある文献の仮名が、どのような状態で使われているか、という、「実態」を示すことばとしての意味である。「江戸時代の仮名遣いは、社会的に統一が無かった」とか、「上代（奈良時代、西暦八世紀）には、後世には見られないような、特殊な仮名遣いがあった」とかいう場合が、それである。今から七十年余り前になるが、明治四十二年（一九〇九）に、大矢透博士によって『仮名遣及仮名字体沿革史料』という本が著された。この本は、平安時代の初め（九世紀）から室町時代の末（十六世紀）までの八百年間にわたって、各時代ごとに代表的な文献を選び出し、その中で、仮名の用法がどのようになっているかを、調査整理して表示されたものである。この場合の「仮名遣い」も、各時代の仮名の用法の実態の意味である。

これに対して、「現代かなづかい」「歴史的仮名遣い」「新仮名遣い」「旧仮名遣い」などという場合の「仮名遣い」の意味は、実態ではなくて、仮名でことばを書き表わすに当ってのきまり、規則をさしている。どこかで、この規則が作られ、それに合うように、仮名を用いるように定められているものである。だから、第一の意味の「仮名遣い」の場合には、「正しい」も「誤り」もない。ただその「状態」があるだけである。これに対して、第二の意味の「仮名遣い」の場合には、それを「正しく」守っているか、「誤った」用法であるか、二つのうちのどちらかであって、それ以外のケースはあり得ない。

現代のわれわれの言語生活では、この第二の場合に限られてしまっている。「歴史的仮名遣い」の場合はもちろんだが、「現代かなづかい」の場合でも、「正しい」か「誤り」かどちらかであって、具体的にいえば、入学試験の答案で誤ったならば、減点の対象とされることがあり得るし、手紙の文章の中で誤れば、「手紙もろくに書けない」と軽蔑されることにもなりかねない。新聞やテレビの字幕などで間違えば早速非難の電話や投書が来るだろう。

これは、常用漢字の場合と、根本的に異なった点である。漢字の場合は、それ以外の漢字を使っても、「誤り」にはならない。検定教科書でさえも、「明瞭《めいりょう》」「鯛《たい》」「嫂《あによめ》」など、振り仮名を附ければ使用を許されているくらいである。また逆に、常用漢字にある字など、仮名で書いても「誤り」にはならない。「きょう（今日）」「すこし（少）」など、仮名で書く方が普通になっている単語も少なくない。

このような「仮名遣い」の状態に、われわれはすっかり馴れてしまっているので、それが特別なことだとか、異様なことだとかいうような意識はほとんど抱かない。しかし、歴史的に振り返って見ると、このように社会一般で統一的に仮名遣いが行われるようになったのは、明治以来、近々百年ぐらいのことに過ぎない。それまでは、世間に広く通用する仮名遣いというものは存在していなかった。

「歴史的仮名遣い」も、実は、江戸時代の半ば、十七世紀の末ごろから作られたもので、それも、明治の初めまでは、国学者など一部分の人々の中だけで使われていたに過ぎず、それ以外の一般社会では、幕府などの公の文書でも、漢文などを扱う学者でも、大部分の場合は、「仮名遣い」という意識はほとんどなく、「武門におゐては」(1)「しかるゆへに」(2)のような、気ままな使い方であった。さらに遡って、中世には、藤原定家《ふじわらのていか》（一一六二—一二四一）が定めたといわれる「定家仮名遣い」というものがあった。これは、和歌を詠む人々の間などに信奉されていたが、それも、定家の流れを受けた一部の世界であって、その他の一般の人々は、仮名遣いという意識もあまりなかったというのが実状だったと思われる。

最近の研究によると、この他にも、平安時代には、「平安かなづかい」といったような、一種の用法があったといわれている。(1) ただ、これは、仮名書き文の中で、結果として見られるもので、「定家仮名遣い」や「歴史的仮名遣い」のように、前もって定められた規定があり、それに基づいて書かれた、というものではないようだ。その点では、右に述べた、第一の意味の「仮名遣い」に近いといえるかも知れない。

第二の意味での「仮名遣い」は、鎌倉時代の初めに、藤原定家によって作られたものが、その最初であるといってよさそうである。それは「定家仮名遣い」と呼ばれて、中世から近世にかけて、歌道に携わる一部の人々の中で伝えられて来た。それに対して、江戸時代の中ごろに、僧契沖《けいちゅう》（一六四〇—一七〇一）が異論を立て、古代の国語の文献に基づいて、いろは四十七文字を使い分けるべきだという説を唱えた。この説が、江戸時代中期以後に、国学者の人々を中心として内容の補訂を続けながら、次第に普及した。明治時代になって、新政府は全面的にこの仮名遣いを採用し、公文書一般をはじめとして、文教政策の上でも、この「仮名遣い」が国民全体の義務教育で教えられることとなり、新聞・雑誌等も多くこれに同調して世間に広まり、その風潮は、第二次大戦の終った直後の昭和二十一年まで続いた。

ところで、一般に、第二の意味での「仮名遣い」というのは、単語を仮名で書き表わす場合に、どのような種類の文字を使用すべきかについて、定めたきまりであると解せられている。たとえば、ユエ（故）という国語について見ると、「ゆえ」と書くか、「ゆゑ」と書くか、「ゆへ」と書くか、少なくとも三通りの方法が考えられる。「現代かなづかい」では、「ゆえ」と書くことになっている。「歴史的仮名遣い」では「ゆゑ」が正しいとしている。これに対して、「定家仮名遣い」では「ゆへ」とすることに定めている。これらは、それぞれに根拠を持っている。「現代かなづかい」は、「現代語音にもとづいて」エという発音を「え」と書くという規定によっている（まえがき）。「歴史的仮名遣い」では、『万葉集』に「ゆゑ」（原文では万葉仮名で「由恵」）と書いてあることによっている（契沖『和字正濫鈔』）。また、「定家仮名遣い」では、「旧草子」の書き方によって、「ゆへ」としている（『下官集』）。このようにそれぞれ根拠を持ち、また、それぞれが全体としての体系を備えているのである。

このような規定は、広く見れば、すべての単語について、定められるはずのものであるが、「あし（足）」、「やま（山）」、「さく（咲）」などの単語は、これ以外の書きようがないから、現実には、仮名遣いがあってもなくても、結果として変りがない。「ゆえ（故）」とか「いう（言）」とかのように、発音は一つなのに、それを書き表わす仮名の書き方に、二つ以上の可能性がある場合に問題となって来るのである。

それでは、どうしてこのように仮名と発音との間に食い違いが生じたか、本来、表音的な文字として発明されたはずの仮名が、このように「非発音的」な要素を含むようになったか、この点について次に考えて見ることにしたい。

一　仮名遣いはなぜ起ったか

――いろは歌の成立とその展開

発音の変化

「仮名遣いはなぜ起ったか」――この問いに対する答えは、必ずしも簡単でない。実は「仮名遣い」というのは、単に個々の語を仮名で書き表わす場合の規則の問題に止まるのではなく、もっと広く、国語の文全体を書き表わすに当っての、表記法の規準というものの中で考えられたものだという見方も提出されているのである(1)。

前に少し触れたが、奈良時代（西暦八世紀）には、「上代特殊仮名遣い」というものがあった。当時は、平仮名や片仮名はまだ発見されておらず、万葉仮名という、漢字の一用法によって、表音的に表記されていたのだが、例えば、キの仮名を含む単語に二つのグループがあって、キミ（君）、キク（聞）などのグループでは、キの万葉仮名は「伎」「吉」「枳」「岐」などが用いられ、これに対して、キリ（霧）、ツキ（月）などのキの万葉仮名は、「奇」「紀」「綺」などが用いられて、相互に侵すことがない、という事実があった。前者の仮名をキの甲類、後者の仮名をキの乙類と名づけて区別するのが普通で、このような甲乙二類の区別は、キの他にも、ケ・コ・ソ・ト・ノ・ヒ・ヘ・ミ・メ・ヨ・ロの合計十二の仮名（およびその濁音の仮名、他に『古事記』では「モ」にも）に見出されている。(1)

しかしこのような区別は、奈良時代の日本人が、単語によって意識的に区別して使い分けたのではなく、当時の国語の発音が、それぞれ違っていた（現在、われわれがキとク、またはキとケとを別の音として区別していると同じように）からと考えられている。(2)言い換えれば、当時の人々にとっては、いまのような「仮名遣い」というきまりにしたがって書き分けたものではない。違った音は違った万葉仮名で書いていたが、たとえば、キミ（君）という一つの語を伎美・伎見・吉美・枳美・岐美と書くなど、一つの音を種々の異なった漢字で書き表わすについては、自由であったと考えられている。当時の万葉仮名は、非常に表音的であったのである。

平安時代に入ってまもなく、平仮名・片仮名が発明されたが、それらは、いずれも万葉仮名から作り出された、日本独自の文字であった。しかし、表音的である点では、万葉仮名と全く同様であって、その表音的な性格は、少なくとも平安中期（西暦十世紀）までは、持続されて行ったと見てよい。平安初期（西暦九世紀の中ごろ）までの間に、上代特殊仮名遣いはすべて消滅して、現在のような五つの母音になってしまったし、さらに、十世紀の中ごろには、それまで区別のあった、ア行のエ（e）とヤ行のエ（ye、厳密にはjeと書く）とも同一の音（ye）に統合された。それとともに仮名の用法も、発音の変化に伴って変っていった。また、音便が発生して、サキテがサイテ、タチテがタッテのように音が転ずることがあったが、この際にも、転じた発音のままに表記された。この時代までは、仮名は全く表音的であって、きまりとしての「仮名遣い」という意識は少しも見られない。

十世紀の末ごろ（平安中期）から、単語の中または末に来たハヒフヘホの音（当時は、Fa, Fi, Fu, Fe, Fo、厳密にはΦa, Φi, Φu, Φe, Φoと表記される発音であった。Φは上下の唇を合せて出す音で、いまのフの音はΦuと書き表わされる。ファ・フィ・フ・フェ・フォのような音であった）と、ワヰウヱヲ（当時は、wa, wi, u, we, wo の音であった）とが統合されて、同じ音となるという変化が起った。

その結果、たとえば、それまでカホ（顔）はkaΦo（カフォ）と発音されていたのが、kawo（カウォ）と発音されるようになり、カヲと書く例が現れた[1]。また、同じころから、単語の頭に立つwoの音とoの音とが混同して一つになるという変化も生じた。ヲシム（惜）という語は、古くwosimuと発音されており、仮名ではヲシムと書かれていたが、このころ、オシムと書いた例が現れた[2]。

このような音変化が起っても、当初は、仮名遣いという意識は、まだ生じていなかったと思われる。というのは、たとえば、カホ（顔）という語について見ると、カヲと書いた例と並んで、カホと書いた例も多く見え[3]、オシムと並んで、ヲシムと書いた例も少なくない[4]のである。このころは、語中・語尾で、同じwoという音を書くのにホもヲも同じように使っていたと思われる。語頭の場合も、同じ音（多分wo）に対してオとヲとが両方とも使われていたのであろう。

平安時代の半ばを過ぎ、十一世紀になると、この他に、語中・語尾のイとヰ、エとヱとの混用も次第に多くなって来る。オとヲの混用も、最初は語頭だけだったのが、この時期になると、語中・語尾でも起って来る。そして、マヰル（参）をマイル、ムクイ（報）をムクヰ、アヲシ（青）をアオシ、ヒライテ（啓）をヒラヒテと書くような例が次々と出て来るのである。

このような音変化の結果、ハとワ、イとヒとヰ、ウとフ、エとヘとヱ、オとホとヲの仮名が、それぞれ同じ音を表すというケースが生じた。しかし、そのころには、まだ仮名には異体字が多数使用されていた。たとえば、『法華義疏』の長保四年（一〇〇二）の訓点では、エの仮名に「江」と「エ」、ホの仮名に「保」「ア」「ロ」の三種類の字体が使われている。『大慈恩寺三蔵法師伝』の永久四年（一一一六）の訓点でも「ア」「ロ」「イ」の三種類を使用している。

これらの多くの異体字の中で、何種類の文字が区別されていたかを知ることは、必ずしも容易ではないが、それを知る手がかりとしては、次のようなものがある。

醍醐寺に所蔵される『孔雀経音義』は、平安中期の写本である。その巻末に書かれている、古い仮名の図は、完全ではないが、一往、仮名の一覧表と認められる。(1)

吚キコカケク　四シソサセス　知チトタテツ　已イヨヤエ□　味ミモマメム

比ヒホハヘフ／ヰヲワヱウ　利リロラレル

右のように、この図表には、アイウエオとナニヌネノがないが、他のカ・サ・タ・ハ・マ・ヤ・ラ・ワの八行は揃っており、これらの仮名がそれぞれ別の文字として区別されていたことを示すものと考えられる。ただ、その中で、ヒホハヘフとヰヲワヱウとが、他の行と違って、二行をまとめて並べて書いてある。この二行が、場合によって、同じ発音を表わすのに使用されたことを示したものと見られている。この文献の書かれた年代は、はっきりしたことは判らないが、仮名の字体の面から見ると、大体十一世紀の初めごろと推定される。

　それから半世紀ほど下った承暦三年（一〇七九）になると、『金光明最勝王経音義』という文献が現れる。現在、大東急記念文庫の所蔵本で、『金光明最勝王経』の中から字句を抄出して、発音・意味・和訓などを加えた、一種の注釈書であるが、その巻首と巻末に、「いろは歌」と五十音図とが記入されている。「いろは歌」は巻首に万葉仮名で、巻末には、片仮名で次のような表を載せてある。

イィ　□（ロの誤り）ォ　ハァ　ニィ　ホォ　ヘェ　トォ　チィ　リィ　ヌゥ　ルゥ　ヲォ　ワァ　カァ
ヨォ　タァ　レェ　ソォ　ツゥ　ネェ　ナァ　ラァ　ムゥ　ウゥ　ヰィ　ノォ　オォ　クゥ　ヤァ
マァ　ケェ　フゥ　コォ　エェ　テェ　アァ　サァ　キィ　ユゥ　メェ　ミィ　シィ　ヱェ　ヒィ
モォ　セェ　スゥ

　これによって、当時、国語の「仮名」の種類として

イロハニホヘトチリヌルヲワカヨタレソツネナラムウヰノオクヤマケフコエテアサキユメミシヱ
ヒモセス

の四十七文字を区別していたことを知ることができる。また、同じ「イ」に対して「以」「伊」、「ロ」

に対して「呂」「路」、「マ」に対して「万」「末」「麻」というように二つまたは三つの違った万葉仮名が使用されていたことが判る。

一方、この同じ本の巻末には、片仮名で、五十音図が書いてある。

五音

ハヘホフヒ　タテトツチ　カケクキ　サセソスシ　已上（ママ）清濁不定也　已上清濁不定也

ラレロルリ　ナネノヌニ　マメモムミ　アエオウイ　ワヱヲフヰ　「ヤエヨ」（以上三字抹消）

ヤエヨユイ　已上清濁不替也

五音又様（傍点は原文のまま）

ラリルレロ　ワヰフヱヲ　ヤイユエヨ　アイウエオ　マミムメモ　ナニヌネノ　已上清濁定音

ハヒフヘホ　タチツテト　カキクケコ　サシスセソ　已上随上字音清濁不定也次字者濁定次字音任本音読之

この中で、アエオウイとヤエヨユイ、ハヘホフヒとワヱヲフヰのように、エ・イ・フの三字が重複して書かれており、結局、

アイウエオカキクケコサシスセソタチツテトナニヌネノハヒフヘホマミムメモヤユヨラリルレロ

ワヰヱヲ

の四十七字が区別されていることが判る。また、このころ、天台宗の僧侶であった明覚《めいがく》（一〇五六―一一二二以後）が著した『反音作法《はんおんさほう》』という本にも五十音図があるが、やはり右と同じように四十七

文字が区別されている（嘉保二年〈一〇九五〉の写本による）。

これらの例から見ると、十一世紀末、十二世紀の初めごろ、仮名として四十七種類が区別されていたことは、ほぼ疑いないと思われる。

しかし一方、これらの仮名の中で、オとホとヲ、イとヒとヰ、エとヘとヱ、などが、同じ発音を表わす場合のあったことも確かであって、仮名と発音とが、平安中期まで一対一という単純な関係であったのが、一対二、一対三などという複雑な関係になったわけである。これについては、それなりの理由があったと考えなければならない。

弘法大師といろは歌

仮名の種類が四十七であるという観念は、「いろは歌」の普及の結果であろうと、一般に考えられている。そして、弘法大師空海が、この「いろは歌」の作者であると信ぜられ、それによって、その権威づけがなされたと見られている。

弘法大師空海は、奈良時代の末、宝亀五年（七七四）に讃岐国（いまの香川県）に生まれ、幼時から俊才の誉れ高く、遣唐使に随行して入唐し、唐の都長安の青竜寺の恵果和尚《けいかわじょう》から真言の法を授けられて帰国し、神護寺、東寺、金剛峯寺（高野山）などの寺を開いて、本邦の真言宗の祖となり、承和二年（八三五）に高野山で入滅した。彼は、東大寺の別当《べっとう》（管長）に就任したこともあり、南都（奈良）で、前の時代から引き続いて行われていた古い仏教の諸宗、すなわち、華厳宗、三論宗、法相宗などとの関係はよく融和していたようで、この点、天台宗と南都古宗との間が、文化的・政治的な諸方面について対立関係にあったのとは、非常に事情が違っていた。弘法大師への信仰は、その死後百年ぐらいたったころに、真言宗の中ではすでに行われていたようで、その三代の後の弟子である聖宝《しょうぼう》が、その弟子淳祐《しゅんにゅう》を伴って高野山の奥の院に入定《にゅうじょう》の姿のままの大師に拝謁したところが、その薫りが淳祐の衣に移って一生消えることがなかったというような伝説もあるほどである。

それはともあれ、弘法大師空海は、宗祖としてばかりでなく、文芸面でも、多くの業績を打ち立てた人であった。書道の上でも稀代の名筆家であったことは、現存する多数の自筆の真跡から見ても、容易に納得できるし、著述の上でも、現存最古の漢字字書である『篆隷万象名義《てんれいばんしょうめいぎ》』を編纂したり、漢詩文についての文体論ともいうべき『文鏡秘府論《ぶんきょうひふろん》』を作ったりしている。いずれも、中国の書物を基にして改作した、いわばダイジェスト版のようなものではあるが、当時の日本としては、非常に有益な書物として重んじられたのであった。空海は一方では宗教的な尊崇・信仰の対象となった人だったが、同時に、当時の先端を行った文化人でもあったのである。

空海がいろは歌を作ったという説が、一番早く現れるのは、十二世紀の初めである。天仁元年（一一〇八）に空海のいろは歌の供養があったという伝説があるが、それは、当代の大学者であった大江《おおえの》匡房《まさふさ》の談話を聞いて書き集めた『江談《ごうだん》』という本に見えるという。現在、この本は普通は『江談抄』

という名前で、伝わっているのだが、これには伝本によって本文に異同があり、内容は必ずしも同じでない。しかもいま伝わっている本の中には、この弘法大師の話は見えず、『河海抄《かかいしょう》』という本（『源氏物語』の古い注釈書）の中に引用されているだけなのである。それゆえ、大江匡房の時代に、そのような話が信じられていたらしいことは判るが、空海が入定してから二百五十年も経った後のことだから、それが事実だという証拠には必ずしもならない。

十二世紀の中ごろ、高野山に覚鑁《かくばん》という真言宗の学僧がいた。伝法院上人といわれた人で、多くの著述もあったが、その一つに『密厳諸秘釈《みつごんしょひしゃく》』という本があった。その中に『伊呂波釈』という項目があり、いろは歌は、『大般涅槃経《だいはつねはんぎょう》』という経典の中にある「諸行無常、是生滅法、生滅滅已、寂滅為楽」という偈《げ》文（字数の定まった句を連ねた詩のようなもの）を、国語文に翻訳したものだと説き、その作者が弘法大師だと述べている。この『大般涅槃経』という経典は、北涼の曇無讖《どんむしん》という僧が漢訳したもので、四十巻から成り、古く奈良時代から行われ、平安時代には、東大寺をはじめ南都の古宗の中などで読まれていたことが判っている。

しかし、弘法大師がいろは歌を作ったというこの説は、現在の国語学では認められていない。国語の歴史の上から見て、合理的に説明できない点がいくつかあるからである。空海の時代には、一般にア行のエ（e）とヤ行のエ（ye）との区別があった上、コの仮名にも、甲類（ko）と乙類（kö のような発音だったという）との区別があったはずで、現に、空海著ということが確実な書物中には、これらの仮名を、当時の用法の通りに使い分けている例が発見されるからである(1)。大矢透博士は、「色は匂へど、散りぬるを」のような七五調の詞句は、空海のころには未だ存在せず、古くは五七調だったはずだから、時期的に合わないという理由も挙げているが(2)、これに対しては、高野辰之博士の反論があり(3)、平安初期にも七五調はあり得たとされている。

しかし、問題は、この説が正しいかどうかということよりも、むしろ、平安末期およびそれ以後の時代に、いろは歌は弘法大師の作と、一般に信ぜられていたという事実である。同時に、いろは歌が広く世間に流布していたことも確かであり、仮名の字母の数は四十七という固定観念が行きわたったのも、おそらくそのためと見てよいのであろう。

いろは歌の出典が『大般涅槃経』であるという説が事実としても、この経典は、真言宗ばかりでなく、それ以外の宗派、たとえば、奈良の古い宗派とか、天台宗などでも読まれていたと思われるから、必ずしも空海とは限らず、他の宗派の僧侶などから考えられても、不自然ではないはずだが、やはり弘法大師が、万能の超人的存在であったということで、この説が生れ、広まったと考えていいのではなかろうか。

ところで、「い」と「ゐ」、「え」と「ゑ」の発音の混同が発生したのは、上に述べたように、すでに平安時代のことだが、それは一部分の現象であって、i と wi との区別、ye と we との区別は、依然として残っており、語の最初（語頭）などでは一般に正しく使われていたらしく、この区別が完全に消滅してしまったのは、鎌倉時代に入ってから、十三世紀以後のことのようである。だから、平安時代の末ごろ、十二世紀のころに、完全に発音の区別がなくなっていたのは、いろは歌の中では、「お」と「を」の二つの仮名だけであった。そして、まず、この区別を、何らかの根拠で守るべきだと考えられたのが、仮名遣いの起源だったと思われる。

前に述べた『金光明最勝王経音義』の巻頭に掲げられた「いろは歌」の中には「を」と「お」の仮名に

乎遠（を）　於（お）

のような区別がある。そして、本文の中から、「乎（を）」の仮名、「於（お）」の仮名を語の最初に使用した例を抜き出して見ると、次のようになる。

〔「乎」を用いた例〕

岳乎加（ヲカ）　侵乎加須（ヲカス）　惜乎志牟（ヲシム）（二例）　斧乎乃（ヲノ）

〔「於」を用いた例〕

瘂於不之（オフシ）　溺於保ゝ流（オホヽル）　御字訓於保牟と云（オホムトイフ）　趣於毛牟久（オモムク）

織於留（オル）

これらは、すべてがいわゆる歴史的仮名遣いに合致している。この文献は、他の部分では、「躁」に「佐八久」（サハク。サワクが正しい）や「馥」に「加保留」（カホル。カヲルが正しい）のように、歴史的仮名遣いに合わない例もあるのだが、それらはいずれも語中・語尾のハヒヘホとワヰヱヲとの混用の類ばかりで、語頭のオとヲとの混用は見えないのである。このころまでは、文献によっては、このような状態を示しているものもあったのである。

しかし、『悉曇要集記《しつたんようじゆうき》』という本を見ると、その中で、五十音図に基づいて音韻を記述したところがある。そしてそこには、

オコソトノホモヨロ一韻

と書いている。オが一回出て来るだけで、ヲが出て来ないのである。この本は、仁和寺の真言宗の僧で、寛智《かんち》という人の著したものだが、寛智は、寛徳二年（一〇四五）に生れ、天永二年（一一一一）に寂した人であるから、右の『金光明最勝王経音義』のころには、「オ」と「ヲ」との区別がなくなっていた場合もあったと見ていいようである。

「オ」の仮名と「ヲ」の仮名とが、同じ発音を表す文字となってしまった後に、何らかの別の基準を設けて、この二つを区別して使うことが起ったのは、多分、十二世紀の半ばごろからではないかと思われる。もっとも、この使い分けは、当時のすべての文献に見られるわけではない。多くのものの中の、極く一部分のものだけに過ぎないのであるし、その同じ文献の中に「ヒ」と「ヰ」、「ヘ」と「ヱ」などについては、ことに区別があったわけではないようだから、後世の仮名遣いと同じように考えることはできないが、とにかくある基準を人為的に設定して、それにしたがって使い分けたとい

うことは、注意すべきであろう。また、すぐ後の時期に生じた「定家仮名遣い」と関係があることでもあるから、重要な問題だと言わざるを得ないのである。

『大般若経音義』

『大般若経音義《だいはんにやきようおんぎ》』という本がある。唐の玄奘三蔵《げんじようさんぞう》の訳した『大般若経』六百巻の経典の中から、漢字や漢語などを抜き出して、その異体字、発音、意味などの注を施した本である。古くから何種類かの『大般若経音義』があったが、ここでいうのは、「無窮会本」といわれる種類のものである。平安時代の末、十一世紀の半ばごろに、真言宗の僧侶で、光明山の重誉という学者の編述したものと思われる。この人の閲歴は、あまりよく判らないが、保延年間（一一三五—一一四一）ごろの人といわれており、この『音義』も、大体そのころに出来上ったと思われる。

この本には、多くの写本があるが、その最も古い無窮会蔵本について見ると、語頭の「ヲ」と「オ」とは、アクセントの高い音節と低い音節とを示すというような基準で書き分けられている。たとえば「ヲ」の仮名は、

傲《ヲコル》　痖《ヲシ》　溺《ヲホル》

のように、また「オ」の仮名は、

零《オツ》　耗《オトル》　帯《オヒ》　趹《アシノオモテ》

のように使用されているが、この無窮会蔵本には、仮名にアクセントを示す符号（声点《しょうてん》。平声《ひょうしょう》・上声《じょうしょう》・去声《きょしょう》・入声《にっしょう》の四種がある）が加えられており、

○ヲゴル　○上上平
○ヲシ　○上上
○ヲボル　○上上平

のように、ヲにはすべて「.ヲ」のように、字の左上、すなわち「上声」の点を加えており、高く平らに発音されたことを示している。また、

○オツ　○平上
○オトル　○平平上
○オビ　○平上
○オモテ　○平平平

のように、オにはすべて「オ」のように字の左下、すなわち「平」の点を加えており、低く平らに発音されたことを示している。この例から見ると、「ヲ」と「オ」とをアクセントの高低によって使い分けたのは、重誉のころ、すなわち、保延年間あたり、十二世紀の中ごろから、すでに行われていたらしいことが推測されるのである。

これは、同じ発音の仮名文字を、何らかの基準に基づいて、単語によって使い分けたという、一番

古い例だと思われる。その基準は、アクセントの高いか低いかということであったが、それは、その当時に実際に行われていた発音なのであって、この仮名の使い分けは、それよりも古い時代のものを基準にしたわけではないから、これは、「歴史的」仮名遣いではなく、当時としての「現代」仮名遣いの一種だったと考えてもよいものである。

『色葉字類抄』

そのころ、この「オ」と「ヲ」との使い分けを行っているものが、他にもあった。それは、『色葉《いろは》字類抄《じるいしょう》』という辞書である。前田育徳会所蔵の『色葉字類抄』は、「前田本」と呼ばれ、鎌倉時代の古写本であるが、その「乎」の部に収められている語を見ると、

置《ヲク》　追《ヲフ》　織《ヲル》　了《ヲハル》　及《ヲヨフ》　犯《ヲカス》　抑《ヲサフ》　送《ヲクル》
行《ヲコナフ》　怠《ヲコタル》

などであって、これらの第一音節「ヲ」は、いずれも高いアクセントを持っていた語であった。これと同じ辞書で、「黒川本」と呼ばれる江戸時代の写本があるが、これも右と同じように、「ヲ」の仮名で書いてある。これに対して、同じ黒川本の「於」の部を見ると、

怖《オソル》　思《オモフ》　拝《オカム》　覚《オホユ》　稚《オサナシ》　老《オイタリ》　衰《オトロフ》
疎《オロソカナリ》

などのような語が収めてあるが、この「オ」はすべて鎌倉時代には、低いアクセントであった。前田本では残念ながら「於」の部分が欠けているが、多分同じように「オ」で書かれていたと推定され、『色葉字類抄』では、本来「ヲ」と「オ」とは、第一音節のアクセントの高い低いによって区別された部類だったことが知られる(1)。

この『色葉字類抄』の作者は、橘忠兼という人で、この本の奥書によると、天養のころ（一一四四―一一四五）から編纂を始めたといっており、その時期は、『大般若経音義』の作者重誉からあまり遠くないころである。橘忠兼という人の素姓はほとんど判らないが、僧侶ではなくて俗人であり、多分文筆に親しんだ人だったであろうから、この当時、「ヲ」と「オ」との使い分けは、俗人、僧侶にわたって、相当広い範囲に広まっていたと思われる。

『下官集』

鎌倉初期の歌人であり学者であった藤原定家は、『下官集《げかんしゅう》』という書物を著した。この本には、和歌を書き記す際の、いろいろな注意事項が書き集めてあるが、その最初の部分に、「嫌文字事」（文字を嫌う事）という一項がある。

「嫌」ということばは、「忌避する」「避ける」という意味を持っているが、定家が「文字を嫌う」といったのは、ある語を書く場合に、特定の仮名だけに限って使用し、他の仮名は使用しないという意味かと思われる。この中で、「緒《を》之音」「尾《お》之音」という項目を立て、その各項について、それぞれ「をみなへし」「をとは山」「をくら山」および「おく山」「おほかた」「おもふ」のような例語を挙げている。

この中で、「を」と「お」とについて見ると、『大般若経音義』や『色葉字類抄』と同じように、アクセントの高いか低いかによって使い分けていることが判明することが、大野晋博士によって発表された(1)。

『名語記』

鎌倉時代の中ごろ、稲荷法橋《いなりのほつきよう》経尊《きようそん》という僧がいた。文永六年（一二六九）に『名語記《みようごき》』という十帖の書物を編纂して、北条実時に献上した。この本は、国語の語源を説いた辞書で、本邦最古の語源辞書として著名なものであるが、本文は漢字と片仮名で記されている。その中に、ヲで始まる語とオで始まる語とがあるが、それらの例を見ると、「ヲ」で始まるものには、

ヲト（音）　ヲチ（舅）　ヲリ（居）　ヲル（織）　ヲカ（岡）　ヲノレ（己）
ヲソシ（遅）　ヲツ（畏）　ヲフ（追）　ヲシ（鴛鴦）　ヲヒ（甥）　ヲモシ（重）
ヲス（押）

のように、平安時代末から鎌倉時代にかけての文献に見える声点で、「上声」の点が施されている語

があり、一方、「オ」で始まるものには、

オニ（鬼）　オソロシキ（恐）　オホイ也（大）　オコレリ（興）　オル（折）
オツル（落）　オリユキ（下行）　オノ（斧）　オク（奥）　オケ（桶）　オフ（負）
オサ（筬）　オキ（荻）　オシム（惜）　オヒ（帯）　オモテ（面）

のように、「平声」の点の施された語が見られる。この本は、未だ全部の本文が紹介されていないし、私は一部の写真と転写本の刊行されたものを見ただけなので、確かなことは言えないが、この本にも、「ヲ」と「オ」との書き分けがあるように思われるのである。

ところで、この本を書いた経尊という僧侶の素姓については、全く判らないとされて来たが、醍醐寺蔵本の『伝法灌頂《でんぽうかんじょう》師資《しし》相承《そうじょう》血脈《けちみゃく》』という本を見ると、その中に、智定房雅西（一一二三—一二〇二）の弟子に澄空という僧があり、その澄空の弟子に「経尊上総阿闍梨」という名が見える。経尊は文永のころ老人であったらしいから、かりに一二〇〇年ごろの生れとすると、雅西と六十歳も隔たっており、孫弟子の間柄としては少し離れ過ぎているようにも思われるが、当時の師弟の関係を見ると、師が六十七歳で弟子が二十五歳というように四十歳以上も離れた例もあるから、この二人が師弟の間柄であった可能性はあるだろう。

もしこれが認められるとすると、経尊は真言宗の小野流の中の金剛王院流を承けた僧ということになり、前に述べた光明山重誉との、法脈の上での関係は、同じ真言宗小野流の中で、

成尊─┬─範俊──厳覚──実範──重誉
　　　└─義範──勝覚──聖賢──源運──雅西──澄空──経尊

のように結び付いていることが知られるのである。

経尊が、定家仮名遣いを見て、それに従ったという推定も、あながち出来ないわけではないが、やはり、同じ真言宗の中で、この「ヲ」と「オ」との使い分けが広く行われていたとする方が、考えやすいのではないかと思う。

二　仮名遣いの説の始まり

――定家仮名遣いの出現

定家仮名遣い

藤原定家（一一六二―一二四一）は、平安末期の有名な歌人である藤原俊成（一一一四―一二〇四）を父として生れ、後鳥羽上皇の院宣によって元久二年（一二〇五）に『新古今和歌集』を撰進し、当時の歌壇の中心的存在であった。彼はまた、当時勃興していた古典研究にも力を尽し、その本文を校定したり、注釈を加えたりした。そして、定家の歌風や学風は、その子為家、さらにその子の為氏・為相に伝わり、それぞれ二条家・冷泉家の祖となり、中世・近世を通じ、歴代にわたって、歌道の宗家としての伝統を保っていった。

定家校定と伝えられる古典作品は多数に上るが、その自筆本が現在まで伝来している古典には、『古今和歌集』『後撰和歌集』『新勅撰和歌集』『土左日記』『更級日記』などがある。また定家の著作である『拾遺愚草』や『近代秀歌』の自筆本も伝わっている。

これら古典の類を書写するときに、定家は、平仮名や漢字の用法について一定の規準を定めた書を作り、また、自らそれにしたがって写本を書いたらしい。その規準について記した本に、前に一寸述べた『下官集』がある。

『下官集』は、『下官抄』『僻案』（大東急記念文庫蔵、近衛三藐院関白信尹が、定家卿の自筆本を臨模したものといい、寛政年間に版行されている）などとも呼ばれ、一巻の短い書物で、多くの写本が伝存している。巻初に序文めいた文章があって、草子を書き始めるときの作法を述べ、ついで「嫌文字事」と題して、「緒之音」「尾之音」「え」「へ」「ゑ」「ひ」「ゐ」「い」「ほ」「ふ」の十の項目を立て、

緒之音　を　ちりぬるを書之 仍欲用之
をみなへし　をとは山　をくら山　玉のを　……
尾之音　お　うゐのおくやま 書之故也
おく山　おほかた　おもふ　おしむ　おとろく　……

のような具体的な二百三十余りの語を挙げている。

そしてその直後にも、仮名を書き続ける際の作法、符号のことなどを記し連ねている。

本書には「う」「は」「わ」などの項目は取り上げておらず、また、仮名の用法だけでなく、草子の書写に際しての作法をいろいろ書き連ねており、また、同じ巻の中に定家の著である『詠《えい》歌《か》大概《たいがい》』を併載したものもある。おそらく、歌書の類を書写する折の手引書として記されたもので、仮名遣いについては、たまたまその中の一部分として記されたのであり、仮名遣いだけに限って作った本という

わけではなかったのかも知れない。

しかし、仮名遣いを体系的に述べた本としては、本書が現存最古のものであり、この点が注目されるのだが、ただ書名も撰者も成立年代も明確に記されていない。『下官集』という書名は、書中に「已上先人下官存之、他人不レ同レ心」などとあるところから、後の人が附けた仮の書名であるらしく、橋本研一氏蔵本のように『僻案』と題した本もあるのである。「下官」は藤原定家自身の謙称とされている。

「嫌文字事」の項の最初に、漢文の序文がある。[1] その意味は不明瞭な点もあるが、大体、次のような趣旨と思われる。すなわち、この仮名遣いということは、他人も先輩も言っていないことで、全く自分の意見であり、だれも同意する人がいないが、それは当然かも知れない。しかし当世の人の書く文字の狼藉がはなはだしく、残念なことである。このこと（「を」「お」「え」「へ」「ゑ」「ひ」「ゐ」「い」）は師の説ではなく、ただ自分の意見に発するものである。「旧草子」を見てこれを「了見」したというのである（もっとも文末の「了見之」という語句が、「可見之」となっている本もあって、これによれば、「旧草子」を見てこのことを確認することが出来る（または確認せよ）との意味にも取れる）。いずれにせよ、この規準は、自分が初めて述べたものだというのであるが、この件について、大野晋博士の説によると、「を」と「お」との区別は当時の国語のアクセントの高低によるもので、高い音節を「を」、低い音節を「お」と書き分けるべきだとしたという趣旨であり、「旧草子」というのは、当時すでにこの規準による区別を行っていた『色葉字類抄』などの辞書類をさしているのであろうと述べられた。[1] 原文では「発レ自ニ愚意一」という表現であるが、この語句を、定家自身がこのような規準を定めたという意味に取るならば、事実に反するわけだが、このような区別は、前の章で述べたように、当時儒家や仏家のあいだでは、ある程度行われていたらしいから、そのような規準を、平仮名の和歌や物語類などを書くときにまで推し及ぼすことを、定家が初めて行った、という意味に取るならば、筋は一往通ることになるだろう。

また、「え」「へ」「ゑ」「ひ」「ゐ」「い」の区別については、歴史的仮名遣いに合うものも多いが、「かえての木」（正しくは「へ」）、「ことのゆへ」（正しくは「ゑ」）、「つゐに（遂）」（正しくは「ひ」）のように異なるものあり、これらが何に基づいたのか、または、全く定家自身の発意になるのか、未だはっきりしていない。

定家自身の用字

大野晋博士は、定家自筆と伝えられる写本を実際に調査して、『拾遺愚草《しゅういぐそう》』『更級日記』『伊勢物語』『古今和歌集』『後撰和歌集』『拾遺和歌集』などの仮名の用法は、『下官集』にほとんど全く一致すると説かれた。また、『金槐和歌集』や『源氏物語』などは、家の少女に写させたものだが、これには一致しない点も多く、他人にまで強制はしなかったこと、また、定家自筆の『源氏物語奥入』（『源氏物語』の注釈書）、『奥儀抄《おうぎしょう》』（和歌全般についての解説書）などの片仮名の部分には、この「ヲ」と「オ」の区別は見られないので、この規準は平仮名文だけについてのものであったろうといわれている。

このような裏付から見ても、また、後に述べる行阿《ぎょうあ》の『仮名文字遣』の序文などから推測しても、定家が仮名遣いの規準を初めて定めたことは、事実として容認できるように思われる。

定家は、歌書や物語などを書写するに当って、仮名の用法ばかりでなく、漢字の用法についても、一定の規準のようなものを考えていた節が見られる。また、『古今和歌集』などの和歌を記す場合、一首を一行に書くことを励行しているようだが、それ以前の古写本では、必ずしも一首を一行とは限らず、むしろ二行や三行に書くことが多かった。定家の「仮名遣い」は、単にそれだけ独立した規準ではなく、それ以外のさまざまの草子書写の規準の中の一つとして挙げられていたように思われる。

漢字の用法について見ても、例えば、定家自筆本を忠実に転写したとされる三条西本『伊勢物語』などで見ると、「人」「花」「月」などは、漢字で記し、仮名で「ひと」「はな」「つき」と書いた例はきわめて少ない。「又」「宮」「松」「猶」「山」「世」「夜」「秋」「春」「神」「夏」「冬」「風」「河」「我」なども、同様に、大部分が漢字で書かれている。これらの多くは、仮名遣いと関係のない語が多いが、このように、漢字を用いて仮名を用いない語というものも、定めていたように思われる。

小松英雄博士は、藤原定家の用字法について考察し、単に仮名遣いばかりでなく、同じ仮名の字体についても、故意に異なった形の字体を併用するなどの技巧を凝らしていることを実証し、さらに、仮名ばかりでなく、漢字との交用についても配慮がめぐらされていることを論ぜられた。卓論というべきである。

『田中宗清願文集』

『大日本古文書』の中の家わけ第四、石清水文書之六（拾遺）の中に収められた、『田中宗清願文集』は、貞応二年（一二二三）に、藤原定家が宗清のために執筆したものとされるが、小林芳規博士は、この中の仮名遣いのほとんどすべてが、定家の仮名遣いに符合していることを指摘された。[1]

まず「を」で始まる「をのれ」「をの〳〵」「をしへ」「をこなひ」「をはりぬ」「をへむ」「をこさむ」「をこして」の諸語の「を」は、何れも『類聚名義抄《るいじゅみょうぎしょう》』『色葉字類抄』等で上声の声点を附けている音節であり、一方、「お」で始まる「おほきなる」「おほく」「おひた」「おはし」「おさめむ」「おもむく」「おもむき」「おそれ」「おとろふる」「おほやけ」「おとなしく」「おほよそ」の諸語は、右の諸文献で、平声の声点を附けた語である（ただし「おこたる」「おきぬふ」「もよおす」の「お」は上声で、違例となる）。

また、「へ」「ひ」「ゐ」の仮名遣いも、『下官集』に示された「たへ」「うへ」「ゆへ」「こひ」「おもひ」「あひ」「つゐに」など、例外なく一致しているという。貞応二年（一二二三）は、定家六十二歳の年に当り、この年に定家が、その仮名遣いを使用していた証とされている。定家は仁治二年（一二四一）に八十歳で没しているが、晩年には、和歌や和文ばかりでなく、広く平仮名で書く文にわたって、その仮名遣いを使用していたことになる。

『仮名文字遣』

『仮名文字遣』一巻は、行阿《ぎょうあ》の著と考えられ、別名を『行阿仮名遣』『定家仮名遣』ともいう。中世以来広く世に行われ、「定家仮名遣い」の代表的な書物として、江戸時代には木版本で刊行もされたが、この他、多くの写本が伝存しており、中世以降、この本が広く世の中に通用したことが察せられる。

『仮名文字遣』には、巻頭に序文がある。(1)その文の趣旨を要約すると、およそ次のようになろうか。すなわち、藤原定家卿が、その家集『拾遺愚草』の清書を、行阿の祖父の源親行に依頼されたときに、親行が申すのに、「を」「お」「え」「ゑ」「へ」「ひ」「い」「ゐ」等の文字の「声」が通用しているため（同音であるため」の意か）、（正しかるべき）仮名がよく判らないことがあるから、この清書を機会に、後学のために仮名の用法を定め置かれることを進言したところ、定家卿も、自分も従来そのように思って来たところだから、あなたの考えを書き出してほしいと仰せられたので、大体以下のように書いて差上げたところ、その内容は全く理に叶っているとして可とせられた。だから仮名遣いを定めることは、親行の書き出したのが最初だというのである。

ここでまず取り上げられている「を」「お」「え」「ゑ」「へ」「ひ」「い」「ゐ」の八つの項目は、『下官集』の前半の部分と全く同一であって、この仮名遣いの構成については、両本とも一致しているように見える。

また、右の序文の続きを見ると、更に「ほ」「わ」「は」「む」「う」「ふ」の六項目を新しく記し添えたといっており、前の八項目に加えて合計十四項目となったことになる（もっとも『下官集』の諸本の中には、後半に「ほ」「ふ」の項を含む本もあるが、これらの部分は、後人が追加した可能性もある）。

大友信一博士・木村晟氏によると、(1)調査した八本の内、項目の数は文明十二年本が最も少なくて一〇五〇語、文禄四年本が最も多くて一九四四語となっている。これらの内、「を」「お」「え」「ゑ」「へ」「ひ」「い」「ゐ」の前半部だけに限って見ると、文明十二年本が七九二語、文禄四年本が一三五七語となっていて、いずれにせよ、『下官集』がわずかに二三〇語であるのに比べると、大幅な増加である。『下官集』の中にも、「を」の部には「をのこ」の右肩に「今入」という書き入れがあり、そのあとの「風のをと」「をんな」「人のをこる」「をかのへ」など、行阿の『仮名文字遣』には挙げていない語などは、後世の追加かも知れない。また、一旦定家の加えたものを、行阿が削った可能性もあるだろう。

いずれにしても、行阿自身が編纂した原本の『仮名文字遣』の具体的な形は、未だ十分に解明されていないように思われる。ただ、これが藤原定家の定めた仮名遣いであると信ぜられて、中世・近世にわたって多くの写本が作られ、また刊行が続けられて来たことは間違いない、しかも重要な事実である。

『仮名文字遣』の序文の中に見える源親行は、法名を河内入道覚因と号し、生没年は明らかでないが、源光行の子として文治四年（一一八八）ごろ生れ、少なくとも文永九年（一二七二）以後まで生存したから、八十余歳で没したかとされている。鎌倉時代初期の歌人・歌学者で、『万葉集』『源氏物語』の本文校訂や注釈に従事し、『源氏物語』については建長七年（一二五五）にいわゆる河内本を整定した。また、『源氏物語』の注釈書である『水原抄』を完成している。『仮名文字遣』の序の中にある『拾遺愚草』の清書というのを、何時行ったかについては、この本が最初に撰定されたのが建保四年（一二一六）であるが、その後何回かにわたって追補されたといわれる[1]（自筆本三帖が冷泉家時雨亭文庫に現存し、その忠実な謄写本が高松宮家に蔵せられている）。

また、行阿は俗名を知行といい、源親行の孫であり、源義行を父として正応五年（一二九二）ごろ出生したという。行阿はその法名である。家学を継いで歌学者として活躍し、『源氏物語』の注釈書である『原《げん》中《ちゅう》最《さい》秘《ひ》抄《しょう》』を完成した。

『仮名文字遣』の成立が何年であるかは、未だ明らかでないが、『建武年間記』の「武者所詰番事」の項に「知行河内左近大夫」とあって、この日付は延元九年（一三四四）には未だ俗人であり、前田本『原中最秘抄』の奥書には、「凡両部秘抄事自㆓光行之昔㆒至㆓行阿之今㆒」とあって、その後に「貞治三年（一二六四）九月廿七日　俗名知行鳩杖隠士行阿在判」とあり、『仮名文字遣』の序文には「行阿」とあるから、知行が出家した後のことであり、延文元年（一三五六）撰進の『新千載和歌集』（巻十二）には「源知行」とあるから、出家は多分その後で、『仮名文字遣』の成立も、延文、康安、貞治（一三五六―一三六八）以後ということになるであろう。

大野晋博士の研究によると、定家は寿永元年（一一八二）に書写した『入道大納言資賢卿集』で、すでに『下官集』に示した仮名遣いを実行しており、時に定家は二十一歳であって、このような若年からすでに自分自身でこの仮名遣いを使用していた。したがって、『拾遺愚草』を撰んだ建保四年（一二一六）には、すでにこの仮名遣いは完成していたわけだから、そのおり親行が初めて仮名遣いを抄出してそれに定家が合意したというのは事実に反するのであり、行阿が家学を権威づけるための作り話であるとされる。

これは、大変傾聴すべき説である。ただ、定家自筆本の『入道大納言資賢卿集』（寿永元年八月六日奥書、竹田儀一氏蔵本）の全巻が見られず、その中の二葉の写真についてのみの調査で、その仮名遣い関係の用例も「おなしころ」「中をくられたりし」「をくられたりし」の例のみであり、「お」「を」の例がわずか三例あるだけで、それ以外の「え」「へ」「ゑ」「ひ」「ゐ」「い」の例が見えないことから考えると、「お」「を」については諒解できるとしても、それ以外のすべての仮名についてまで、この時点で定家が定めていたかどうか、確定することは困難のように思われる。

また、大野博士は「え」と「江」とを別の仮名として書き分けたとされるが、これについては、石坂正蔵氏の反対説がある。(1) いずれにせよ、この二字の区別が、行阿の『仮名文字遣』に引き継がれていないことは事実である。

しかし、定家壮年のころの自筆本といわれる『定頼集』をはじめとして、『更級日記』『伊勢物語』『近代秀歌』『古今和歌集』『後撰和歌集』『拾遺和歌集』など、自筆本またはその忠実な謄写本の中に、『下官集』に示された通りの「をとは山」「おしむ」「かえて」「ゆへ」「ゆくゑ」「おひ（老）」「つゐに」など、「を」「お」「え」「へ」「ゑ」「ひ」「ゐ」の仮名遣いが実際に使用されているという事実は、大野博士の大きな発見であり、この説が、単なる学説の上だけのことでなく、文献の書写に当って実際に使用されていたことを実証された功績は絶大である。

「天文二十一年（一五五二）重陽前日」という奥書のある版本には目次の末尾に、

一　定家卿口伝　二　人丸秘抄

という記事があるが、本文にはこの部分が欠けている。しかし陽明文庫本（文明十年〈一四七八〉二月親長の識語のある本）には、この二本を収めており、他に『定家卿口伝』は「定家卿仮名遣少々」と題し、「三藐院関白臨定家卿書、名言塵集」の中の「かなづかひの事」に在るものが同類をなし、若干の文字の異同はあるが、「国語学大系」に『定家卿仮名遣』として載せられている。この本は、

端のへ　中の要江　奥のゑ　端のほ　奥のお　端のい　中のゐ　奥のひ

の八項目で約百八十語が挙げられている。また『人丸秘抄』については、独立した本もあるが、『近衛豫楽院筆文字仕』や『言塵集』（今川貞世著）の「かなづかひの事」と大体同様であり、その項目は、「一　緒之音ちりぬるを書之依緒用之」「一　尾之音うゐの奥山書之故也」「一　え枝江」「一　へ」「一ゑ」「一　ひ」「一　ゐ」「一　い」の八項目である。この項目は二本とも『下官集』と同じであり、ことに『人丸秘抄』については、「をみなへし　をとは山　をくら山」など、語例も非常に似通ったものである。多分、『下官集』（『僻案』）がそれだけ独立したものとしても伝承され、増補された『仮名文字遣』に附録として加えられるということもあったのであろう。

　ところで、大野博士の説によると、この『仮名文字遣』では、『下官集』で区別されていた「を」「お」のアクセントによる弁別が、大幅に乱れているという。大野博士は、京都大学所蔵の文明十二年（一四八〇）の奥書のある本を取り上げ、この本は収録語数が少ないから原型に近いものであろうと考え、これによって『類聚名義抄』『色葉字類抄』等の語彙の声点と比較して調査された。その結果、「を」の部では、総語数一三五例の内、三七例が合致せず、「お」の部では、一〇一例の内、五例が合致しないことを指摘された。そして、「を」の不一致例三七例の内、二五語までは、院政期において「平平」「平平平」などの平板型（低く平らな型）に属した語であり、そのため定家は「おに」「おもし」のように「お」を用いたのであったが、これが、近世初期になると、「上平」「上上平」のように「上」（高く平らな型）に転じていることから考えて、多分、行阿の時代にすでにこのようなアクセントの歴史的変化が起って、「上平」「上上平」のようになっており、行阿は「お」「を」を平と上とで区別するという規準を知っていて、それにしたがって、あえて「を」に改めたのであろうと推定された。

平安末期のアクセントが、体系的な変化を起したのはいつごろであるのか、未だ十分に解明されていないが、鎌倉時代の中後期（十三世紀末、十四世紀初めごろ）には、少なくとも部分的には開始されていたと思われ、右の大野博士の説は、当を得たものと考えられる。

三　中世における仮名遣い説の諸相

——定家仮名遣いへの追随と批判

定家仮名遣いへの疑問

藤原定家は、『新古今和歌集』『新勅撰和歌集』の二勅撰集の撰者となったほか、『拾遺愚草』『詠歌大概』『小倉百人一首』等を撰び、当時の歌人として最高の地位を占めた。そればかりでなく、『古今和歌集』『後撰和歌集』『拾遺和歌集』『伊勢物語』『土左日記』『源氏物語』『更級日記』等の書写・校合を行い、歌学者としても当代に匹敵する者のないほどの業績を挙げた。その子為家も歌人として一家を成したが、為家の子孫は為氏（二条家）、為教（京極家）、為相（冷泉家）の三家が鼎立し、それぞれに定家の流れを継いで、歌道の上で重きを成した。このようにして、鎌倉時代には、定家の流れが、和歌の世界を風靡した。

これに伴って、定家卿の定めたと伝えられる定家仮名遣いの権威も重く、和歌の道に携わる人々は、多くこの仮名遣いを金科玉条としたようである。その際、直接典拠となったのは、行阿の『仮名文字遣』が多かったのではないかと思われ、大部分の人々は、その内容について、特に疑問も抱かなかったであろうが、これについて不審の意を表明した人もいくらかあった。それは権少僧都成俊と長慶天皇とである。

成俊は、『万葉集』に訓点を加えるに当って、定家仮名遣いとの食い違いに気付いた。また、長慶天皇は、『源氏物語』の注釈に当って、アクセントによって仮名遣いを定めたという伝承の原則そのものに疑義を抱いたのだが、その動機は全く別であるものの、定家の説に盲従しなかった点は共通している。しかし、このような反論は、当時の歌道の世界では顧みられなかったと見えて、これらの説に拘らず、江戸時代中期の契沖の新説が世に出るまで、定家仮名遣いの伝統を継承した仮名遣い書が次々と世に出た。

ただ、その中で、国語音韻の歴史的変遷が生じ、開合の区別（アウとオウ）の混同、ジヂズヅの混同などが進むにつれて、それらの区別を説くために、定家仮名遣いでは本来存しなかった項目が立てられたり、定家仮名遣いの中で何らかの法則性を発見しようとして、動詞の活用についての探索が進められたりしたことはあった。これらは、後世の文法研究の水準から見ると、不完全不十分な点が多いが、江戸時代の文法研究の黄金時代のさきがけとしての意義を見出すことも出来よう。

権少僧都成俊の説

『万葉集』の古写本の中で、巻末に、「文和二年癸巳（一三五三）中秋八月二十五日　権少僧都成俊記之」と結んだ一篇の奥書を持ったものがある。寛永二十年（一六四三）の版本にもこの奥書があり、広く知られているものなのだが、この中で、僧成俊はおよそ次のような趣旨のことを述べている。[1]

すなわち、仮名遣いについては、藤原定家以来、歌道に従う人々は、皆その方式に従っていた。しかし、それは、『万葉集』や『古今集』の仮名と合わないようであった。私（成俊）も年来、もっぱら定家の仮名遣いに従って来たし、将来もそうすべきだと考えている。しかし、現在、『万葉集』の本文に振仮名を書き付けるに当っては、少しばかり自分の考えを立てて、ひとえに『万葉集』の用字に従って訓点を加えた。これは私が勝手気ままにしたのではなく、理由のあることなのである。たとえば、『万葉集』では「遠」の仮名は「登保」（とほ）と書き、「撓」は「登乎」（とを）と書く。ところが定家の仮名遣いでは「遠」を「とを」と書くので、『万葉集』と相違する。また、「宇恵」（うゑ）は「殖」であり、「宇辺」（うへ）は「上」である。この類は他にもあるが、繁雑になるから別紙に記して、ここでは略する、というのである。

成俊の伝は明らかでないが、権少僧都というから、相当の身分の僧だったのだろう。信州の姨捨山の麓に庵を結んで余生を過していたとき、ある人が『万葉集』を持って来て、それを写してくれたので、老眼を拭いつつ、自ら仮名を加えたというのである。この奥書は、仙覚や寂印の奥書の後に、それらとセットになって伝えられているものなので、多分、仙覚の訓点の系統を受け継いだものだろうと思われる。僧成俊は、定家の仮名遣いに対しては敬意を払いつつも、『万葉集』の場合については、相違する部分があるといっているのであって、『万葉集』以外の和歌などについては、多分、定家の仮名遣いに従っていたのではなかろうか。

成俊の奥書を持つ写本としては、大矢本、京大本などがあり、『校本万葉集』の解説によれば、大矢本の仮名の訓点は、大体歴史的仮名遣いが守られているとのことである。(1)

もしかりに、成俊が、『万葉集』の仮名遣いを規準として、これを広く他の和歌にまで及ぼすべきだと考え、それを少しでも実行したりしていたならば、あるいは、契沖の研究のさきがけになった可能性もあったかも知れない。しかし、右の奥書で見る限りでは、どうもそのような気配は見られない。『万葉集』の附訓だけは別の事柄だというような意識が強く、定家の仮名遣いの権威は、隠然として伝存していたのではないかと思われる。

『仙源抄』

『仙源抄』は、長慶院法皇（一三四三―一三九四）の作である。『源氏物語』の中から語句を抄出し、その語釈、出典等を記した本で、『源氏物語』辞典として最古のものとされている。弘和元年（一三八一）の著者の跋文があって、『水原抄』『紫明抄』『原中最秘抄』や定家卿の自筆本などを参照したことが述べられているが、その中に、定家の仮名遣いについての批判を記した一文がある。(2) その文章の趣旨を要約してみると、大体次のようになる。

漢字には四声というものがあって、各字ごとに定まっているが、仮名には一字ごとに声（アクセント）の定まっていることがない。「い」と「ゐ」、「を」と「お」、「え」と「ゑ」はそれぞれ同音だし、「はひふへほ」は「わゐうえを（ママ）」とよむこともある。「いろは」の常のよみ方（古く、特定のアクセントで読誦することが行われていた）からいうと、「お」は去声で、定家の「山のおく」は去声だからいいが、「おく山」の場合は上声で合わない。また「おしむ」「おもひ」なども上声で合わない。とにかくすべての仮名文字には、平声・上声・去声の三種類のよみ方があるのだから、声調によって仮名の遣い方を定めるのは適当でない。ただ急に従来の説を改めるべきでもないが、これを信じたのでは音義に合わないから、したがってこの『仙源抄』では仮名遣いを適用しない。一方では先学の説をおろそかにするようではあるが、発音に通じようとするものにとっては、当然この理由が判明するはずだというのである。

本文を見ると、「を」の部に「をのがじゝ」「おかし」など、「を」で始まる語も「お」で始まる語も併せ収めており、「お」の部を立てていない。同様に「い」の部には「い」と「ゐ」、「え」の部に「え」と「ゑ」を併せ収めてあって、「ゐ」の部、「ゑ」の部は立てていない。

この『仙源抄』の跋文について、アクセント史の立場から説明を下されたのは、大野晋博士である。契沖は『和《わ》字《じ》正濫《しょうらん》通妨抄《つうぼうしょう》』の序で、「常のいろはをよむ声」を掲げており、大野博士はそれを引用し、その本によると、「いろはにほへと……らむうゐのおく　やまけふこえて……」の部分に「平平平平去上上……去上上上上去上　上上上上……」のように声点を打っていることと符合することを指摘された。そして、『仙源抄』にいわれる「お」には「去」の声調が、定家の時代から以後、歴史的に変化して行き、すでに契沖の時代と同じ近代的な型に変化していたことを反映するとし、「おく山」は契沖の説によれば「上平平平」とあって、「お」は去声でなく上声となり、長慶院の指摘と符合するとされる。

また「おしむ」「おもひ」などの「お」については、定家の時代には「平平上」「平平平」のように、「お」は平声を表していたのに、長慶天皇の時代には、「上上上」「上上上」と変化してしまっていた。長慶天皇の時代には、平声ではなくなっていたというのである。

このように、長慶天皇は、仮名遣いをアクセントによって定めるという伝承を否定したわけだが、当時としては、むしろ合理的な批判であったともいえる。アクセントによる区別は、当初からヲとオとについてだけあったことで、その他のイとヒとヰ、エとヘとヱなどについては、少なくとも現在までのところ、存在した証拠は知られていない。ヲとオとの区別についても、大野博士の指摘されたように、藤原定家がこれを定めた十二世紀末・十三世紀初めごろから、長慶天皇の十四世紀の末ごろまでのあいだに、アクセントに歴史的変化が発生したことは、その後の研究によっても推測できる事実であり（ただし、資料が不十分なので、十四世紀末ごろのアクセントの体系は、まだ十分に明確にはなっていない）、アクセントの歴史的変遷という事実の存在がその当時意識されていなかったのは当然である。

長慶天皇の後には、定家の仮名遣いについて、異を唱えた説があったことは知られていない。藤原定家は次第に神格化され、

　定家を無みせん輩は冥加もあるべからず（定家を無視するような連中には、神仏の加護もあるはずがない）（『徹書記物語』）

などとさえいわれた。このような風潮の中で、定家仮名遣いは絶対視されて行ったものと思われる。

『古今和歌集』は、勅撰和歌集の最初のもので、和歌の模範として多くの歌集の中で最も尊重されて来た。平安時代中期から、すでに『古今集』についての研究が行われ、院政時代以降になると、多くの注釈書が作られていた。鎌倉時代に入ると、『古今集』の伝承は藤原定家の流れが中心となって行われ、「古今伝授」などというものさえ生じたが、鎌倉時代以後のこの伝承を、語学的見地から見た場合、二つの大きな問題点がある。その一つは、従来、もっぱら平仮名で書かれていたこの歌集が、片仮名によって書かれる場合が生じたことであり、他の一つは、写本の仮名に声点（アクセントの符号）を加えたものが生じたことである。

　藤原定家自筆本の『古今和歌集』には、朱書の点による声点が加えられており、高松宮家本・伊達家本など、それを忠実に伝写したとされる諸本にも、同様に朱点の声点が見られる。例えば、高松宮家本で見ると、次のようである。

　やまとうた（平・平・上・平・平）　したてるひめ（上・平・平・上・〇・〇）　袖ひちて（〇・

平・上・〇）　おりければ（折りければ、平・上・〇・〇・〇）　誰しかも（〇・平・上・平）

花みかてらに（〇・平・平濁・上・〇・〇）　ことならは（上濁・平・上・平・上濁）

私の想像に過ぎないが、これらの声点は、藤原定家の始めたものではないかと思われる。片仮名に声点を加えた例は、古く平安時代中期から、訓点資料などに見られるのだが[1]、平仮名に加えられた声点は、定家本が最も古い例である。「を」の仮名と「お」の仮名とをアクセントによって区別するというような方式を規準化した定家としては、語の声調（アクセント）について人一倍関心を抱いていたことは、容易に推測されるのであり、それまでは、漢文の世界だけに行われていた仮名の声点を、平仮名文献にまで推し広めるという作業を、彼が発案し実行したと考えても、さほど不自然ではないと思うのである。

いずれにせよ、鎌倉時代以降の『古今和歌集』の写本には、声点を加えたものが非常に多く、それらについての詳しい研究も、秋永一枝氏[2]等によって行われている。

それらの写本の中で、多くのものは、定家仮名遣いに拠っていると思われるが、とりわけ注目されるのは、『古今訓点抄《こきんくんてんしょう》』という本である。度会《わたらい》延明（康永三年〈一三四四〉卒）の著で、嘉元三年（一三〇五）に訓説を受けたという奥書を持っており、鎌倉時代後期の写本であるが、その内容は、

ワキカタカリケラシ（……上濁・上・平）

オラハオリテメ（……平上上平）

オモヒハカケシ（平・平・平・上・平・平・上濁）
ヲキソハリ《ワトヨム》ツ、（上・平・上・上・平……）
ヲミナヘシ（上・上・上・上濁・平）

などのように、『古今集』の中から語句を抜出して、片仮名で記し、それに声点を加えたものである。この声点を見ると、ヲとオとについては、ヲは上声、オは平声と区別している。その例は、右に挙げた例の中にも見られる。すなわち、「オリテメ」（織りてめ）、「オモヒハ」（思ひは）などの「オ」は平声の点、「ヲキソハリ」（置き添はり）、「ヲミナベシ」（女郎花）などの「ヲ」は上声の点を加点している。

この他、中世の歌書は、ほとんど例外なく定家仮名遣いを軸として作られていた。ただ、時代とともに、単なる仮名の用法の語例を列挙するばかりでなく、動詞や助動詞の活用との関係を考えたり、中世以降に生じたジとヂ、ズとヅとの混同、アウとオウとの混同など、音韻の歴史的変化に伴って、新しい項目を追加したりした。これらについて、主な書をいくつか取り上げて、その状態を見て行くことにしたい。

『仮名遣近道』

『仮名遣近道』一巻は、一条禅閤《ぜんこう》すなわち一条兼良《かねら》（一四〇二—一四八一）の作と伝えられる。成立年代は明確でないが、兼良の活躍した室町時代中期の作であろうと思われる。

兼良は、祖父に関白二条良基を、父に関白経嗣を持つ名門の出で、若年から頭角を現し、『公事根源《くじこんげん》』『古今童蒙抄《こきんどうもうしょう》』『花鳥余情《かちょうよせい》』『日本書紀纂疏《にほんしょきさんしょ》』その他、有職、歌学、歴史から仏教にわたって、多数の著述を成し、当時、自他共に許す一代の学者であった。

『仮名遣近道』は、簡略な「仮名遣い便覧」のようなもので、所収の語数も少なく、多分「行阿仮名遣」の類を基にして抄出したものと思われるが、いくつか注目すべき点が見られる。兼良は一条家の家司であった冷泉持為から歌道を習学したというから、定家の仮名遣いを継承したことは当然であろう。

この書は「端のをの事」「奥のおの事」「中のえの事」「奥のゑの事」（「へ」ナシ）「端のいの事」「中のゐの事」「わの字の事」など、行阿の『仮名文字遣』の項目の順を追って標目を立てている。

これらは、『仮名文字遣』の伝統を継いだものとも見えるが、巻首に万葉仮名の「以呂波」と「音連声相通」と題した五十音図を記しており、それにすぐ続いて、「端のへの字の事、五音相通にて、ふひへ〳〵と読字《（よむ）》は、皆への字なり」といっている。これは、語尾が「ふ」「ひ」と活用する語は、（「え」「ゑ」ではなくて）「へ」であるという趣旨を述べたもので、「朋《トモナフ》」「語《カタラフ》」「漂《タヾヨフ》」など、ハ行活用の動詞の例を八十例ほど挙げている。

これは、動詞の活用体系を体系的に仮名遣いに適用した例であって、これ以前の仮名遣い書では、ただ単語を列挙しただけであったのに対して、文法と結びつけて解釈したという点で、それまで見られなかった新味のある要素であるといえよう。

また、最後の部分に、「音につまる字をふと書事」と題して、

法《ハツ》《ホフ》　入《シツ》《ニフ》　急《キツ》《キフ》　脇《ケツ》《ケフ》　立《リツ》《リフ》　雑《サツ》《サフ》

など、たとえば「法《ホツ》華」「入《ジツ》魂」「急《キツ》度」などの「ツ」をフと書くべしとしているが、これを項目として取り上げたのは多分本書が初めてであろう。「―フ」で終る字音（唇内入声）が、カ行音、サ行音、タ行音など、無声音の前で促音に転ずる現象は、鎌倉時代中期から一般化した。このことは小松英雄博士が明らかにされた点[1]であるが、このような音韻の歴史的事実が起った結果、このように仮名遣いの問題として取り上げられるに至ったわけである。もっとも、この種の字音仮名遣いについては、この後、あまり顧みられないまま、後世に及んでいる。

この本の著者が一条兼良と信ぜられている根拠は、巻末に「右一冊者、一条禅閤御作也」という注記があることによるのだが、兼良自身が、実際にこの仮名遣いを使用していたかどうかという問題がある。

東洋文庫旧蔵岩崎本『日本書紀』二巻は、平安時代中期の写本で、書写当時、および平安時代末期の訓点が加えられているが、さらに、室町時代の宝徳三年（一四五一）二月および文明六年（一四七

四）五月の加点がある。巻第二十四の奥書に見られる花押によって、覚恵すなわち一条兼良の自筆による訓点であることが判明するが、巻第二十二の奥書によると、卜部家（鎌倉時代以来、神道学の伝統を開き伝えた家柄）の本で校合した由である。この中の兼良の仮名遣いを見ると、例えば「オコナフ」「ヲコナフ」とか「オホムタカラ」「ヲホムタカラ」のように、同じ語を「オ」「ヲ」両様に書いた例があり、また、「折」に「ヲリ」（『仮名遣近道』では「はなおる」）、「憶」に、「（オモ）イ」（『仮名遣近道』では「思《オモフ》」を挙げて「ふひへ」、すなわち「オモヒ」と書くべしとする）など、符合しない例が多い。「ヲヨ（ブ）」「ヲロカ」「オモヒ」など、合致する例もあるが、全体としてはやはり定家仮名遣いに従ってはいないとすべきであろう。当時、このような漢文の訓点は、定家仮名遣いの適用の範囲の外であった、一つの事例として見るべきであろう。

『新撰仮名文字遣』

『新撰仮名文字遣』一巻は、『新撰仮名遣』とも称し、吉田広典（元正）の著で、永禄九年（一五六六）の成立である。著者は但馬（いまの兵庫県）の山名家の家臣で、出家して東現、猶夢斎と称した。この書は、その書名からも窺われるように、行阿の『仮名文字遣』を増補したものであって、項目の立て方も「い」「ゐ」「を」「お」「え」「ゑ」「ひ」「ほ」「わ」「へ」「ふ」「う」「む」など、それを襲っているが、さらに

一、ことばにいへどももじを略する事
一、むもしをかゝん所にぶもしを書事
一、しもじをにごりて云《いふ》時書わくる事
一、ちもじをにごりて云時書わくる事
一、すもじをにごりて云時書わくる事
一、つもじをにごりて云時書わくる事

など、十二の項目を追加して、その例語を列挙している。右の中、最後の四項は、「じ」「ぢ」「ず」「づ」の区別を述べたもので、

○しよじ　諸事　じたう　寺塔　もんじ　文字　けんじ　源氏
○もみち　紅葉　ふち　藤　ちんかう　沈香　くんちん　軍陣
○すいふん　随分　すゝたけ　篠竹　すゝ　鈴　すゝしき　涼
○いちつ　一途　いつのくに　伊豆国　いつものくに　出雲国　いつれ　何

のような例を百八十語掲げている。

「じ」と「ぢ」、「ず」と「づ」とは、本来別々の音で、ʒi（古くはdʒi), di, zu（古くはdzu), du のように区別されていたのが、多分東国語から始まって、次第に混同を生じ、十六世紀後半には、京都でも区別されなくなってしまったため、従来の仮名遣い書では取り上げられなかった、この種の弁別が

必要になって来たものと考えられる。

ただ、この書は、亀井孝氏蔵本、龍門文庫蔵本、国会図書館蔵本（二冊）などの写本が伝わっているだけで、刊行された形跡もなく、どの程度流布したものか、確かでない。しかしこの四種の仮名が仮名遣い書に初めて登場し、この後、契沖の『和字正濫鈔』その他に、長く伝えられて行く最初のものとして、注目に値すると思われる。

『運歩色葉集』

『運歩色葉集《うんぽいろはしゅう》』は、語頭の音を「伊」「路」「葉」四十四部に分類し、それに属する語を列挙したもので、音引きの辞書の一種である。天文十六年（一五四七）―十七年に成立したが、著者は未詳である。本書には、『塵添壒嚢鈔《じんてんあいのうしょう》』や『庭訓往来《ていきんおうらい》』など、前行の諸書を多く引用しているが、その中の一つに『仮名文字遣』が含まれている。

しかし、項目を見ると、「伊」「遠」「衛」の部はあるが、「井」「オ」「エ」の部はなく、「井」「オ」「エ」で始まる語は、それぞれ「伊」「遠」「衛」の中に収められており、仮名として区別していないように見える。ところが、本文中に『仮名文字遣』の引用があって、例えば次のようになっている。

只暫《イサヽメ》定　　可哀《イカヌシウメ》定 河海　　晩稲《ヲリ(クの誤)テ》定　　典刑《同(ヲキテ)》定　　大抵《同(ヲ、ムネ)》定同

大臣《ヲト、》定　水《同》朧《(ヲホロ)》定　尾上《ヲノヘ》定　生前《ヲイサキ》定　親子《ヲヤコ》定
滄溟《ヲフウミ》定　以為《ヲモハシ(ク?)》定　大気無《ヲ、ケナシ》定　大臣殿《ヲ、イトノ》定
大都《ヲ、ヨ》凡《ソ》定　朧《ヲボロノ》清《シ》水《ミツ》定　恂《同(ヲノ、ク)》定　延引《イン》右近之引折ノ之日定
厭却《エンキャク》定

この事実については、古く橋本進吉博士の指摘があり、近くは、山田忠雄氏の研究があって、山田氏は、この出典を持つ語が、『節用集』の中の弘治二年本と共通することを発見され、両者の間に関係があることを指摘された。

「イ」「ヲ」「ヱ」を立てて「ヰ」「オ」「エ」を立てないことは、『塵芥《じんかい》』〈清原宣賢〈一四七五―一五五〇〉撰、永正七年〈一五一〇〉以後成立〉と符合しており、何等かの関係が想定されるところである。それはともあれ、『運歩色葉集』の「定」として引用された所収の語の仮名遣いは必ずしも、『仮名文字遣』などと一致はしていない。具体的にどのような書を基にしたかについては、今後の研究にまたなければならない。

しかし、問題はさらに別の点に見られる。それは、このような漢字を中心とした辞書〈というと語弊があるが、漢字に振仮名を加えた体裁を持った辞書という意〉の中に、定家仮名遣いが進出して来たと

いうことである。それまでは、平仮名本位の「歌道の書」であって、漢字本位の辞書類――それは多く、漢文の読み書きに使用されたであろうが――にまで、その勢力が拡大されたのは、この本が最初であり、単に歌道ばかりでなく、さらに広い範囲に及んだということであろう。

『易林本節用集』

室町時代には、『下学集《かがくしゅう》』『節用集《せつようしゅう》《せつちようしゅう》』『和玉篇《わごくへん》』など、多数の辞書が作られた。それらの内、大部分のものは、仮名遣いとは無縁であったが、いくつかの本に、定家仮名遣いを材料として使用したものがある。上に述べた『運歩色葉集』と『易林本《えきりんぼん》節用集』がそれであって、このことは共に橋本進吉博士によってすでに指摘されている。(1)

『易林本節用集』は、『節用集』の中でもいわゆる「乾本《いぬいぼん》」の系統に属し、「乾《イヌヰ》」の語から始まっている。室町・桃山時代の『節用集』(これらを、江戸時代のものと区別して「古本《こほん》節用集」と呼んでいる)の中では、比較的後に出来たもので、巻末に「慶長二丁酉(一五九七)易林誌」という刊記を持った二冊から成る刊本である。

この本の跋文の中で、定家卿の仮名遣いを採用して、「伊《イ》」と「為《ヰ》」、「越《ヲ》」と「於《オ》」、「江《エ》」と「恵《エ》」とを区別したといっている。内容を見ると、当時の他の『節用集』、たとえば「伊京集」「明応本」「天正十八年本」「饅頭屋本」(以上伊勢本)、「黒本本」「経亮本」(以上印度本)、「岡田本」「早大本」

「文明本」などで、「伊《イ》」（「以」）の部はあるが「為《ヰ》」（「井」）の部はなく、また、「江《エ》」の部はあるが「恵《ヱ》」の部はない（所収語がなくて、ただ見出しだけあるものもある）。

これに対して、「易林本」では、「伊《イ》」の部と「為《ヰ》」の部、「遠《ヲ》」の部と「於《オ》」の部、「江《エ》」の部と「恵《ヱ》」の部とを別立てとしている。所収の語は、行阿の『仮名文字遣』に合った仮名遣いをしているものが多く、一例として、「遠」「於」の部について見ると、他の辞書では、ほとんど大部分が「ヲクル（送）」「ヲコナフ（行）」「ヲゴル（奢）」「ヲカシ（可笑）」「ヲガム（拝）」などと「ヲ」を使っているのに、「易林本」だけは『仮名文字遣』に合わせて、「オクル」「オコナフ」「オゴル」「オカシ」「オガム」「オサム（納）」「オシム（惜）」および「ヲク（置）」「ヲサフ（抑）」「ヲホヒ（蓋）」「ヲカ（岳）」「ヲシカ（牡鹿）」のように、「オ」と「ヲ」とを使い分けている。中には、いくつか『仮名文字遣』と合わない例もあるし、その中の全部の語を取り入れてあるわけでもないが、『仮名文字遣』の仮名遣いを原則的に適用しようとしたことは疑問の余地がない。またさらに、他の『節用集』には見えず、「易林本」だけに出て来る語彙も多いのだが、その中には、おそらく『仮名文字遣』から取り入れたであろうと思われるものが少なくない。「起別《オキワカレ》」「胡麻《オコマ》」「愛宕《オタギ》」「小倉山《オグラ》」「小塩山《ヲシホヤマ》」「男山《オトコヤマ》」など、その例だが、ことに「教誨《ヲシフ》」「訓《ヲシフ》」のように「ヲシフ」とある例は注意される。他の『節用集』では、ほとんど「教《オシエ》訓《同》」（明応本）、「教《ヲシユ》」「訓《ヲシユ》」（天正十八年本）、「教《ヲシユ》」（饅頭屋本）、「教《ヲシユル》訓《同》」（岡田本）、「教《ヲシエ》」「訓《ヲシユ》」（早大本）、「斅《ヲシユ》」「教《ヲシユ》訓《同》」（黒川本）など「ヲシユ」「ヲシユル」となっている（経亮本だけ

「斅《ヲシフ》」があるのが例外)。『落葉集』には「訓《をしふ》」「教《をしへ》」などの例も見えるが、当時は「ヲシユ」が一般的で、これに対して「ヲシフ」としたのは、多分『仮名文字遣』に「をしふをしへとも教誨訓」とあるのを取り入れたからと考えられよう(『仮名文字遣』には「をしゆ」「をしゆる」の項は見当らない)。

『節用集』は、いろは引きの国語辞書で、国語・漢語に当る漢字を探し出すために多く用いられたものであり、漢文体と縁の深い辞書であるのに、このような世界にまで定家仮名遣いが入り込んで行ったのは、何故であるのか、一つの問題であろう。

一つの推測としては、和歌や連歌を書くに当って、仮名に対して漢字が占める比率が、次第に大きくなっていったということも考えられ、国語表記史上の問題とも絡み合う問題かも知れない。

いずれにせよ、定家の仮名遣いが、中世において行われた主流は、やはり平安以来の和歌和文の世界だった。それ以外の場合、例えば、『万葉集』の訓点とか、漢和辞書、国語辞書などの場合には、必ずしも広くは行われずに終ったと見るのが穏当であろう。

江戸時代になって、契沖がこの仮名遣いに対して批判を加えることになるが、それもやはり、中心は和歌和文の世界であった。当初、漢語・字音などの仮名遣いがあまり顧みられなかったのは、まさに、その性格の反映の一つと見ることができる。これに対して、字音の仮名遣いの研究は、それよりも大分遅れて、契沖よりも百年近く下ってからやっと軌道に乗り始めた。このことも、実は中世以来の定家仮名遣いの伝承の性格と無縁ではないように思われるのである。

『一歩』

『一歩《いっぽ》』は著者未詳の書で、成立年代もはっきりしないが、延宝四年（一六七六）に刊行された。二冊本と三冊本とがあるが、二冊本は上巻・中巻を一冊としたもののようである。

この本の趣旨は、連歌・俳諧についての「てにをは」の作法を主として取り扱ったもので、上巻・中巻はもっぱら「てにをは」の過去・現在・未来等について論じているが、下巻には「仮名遣」と題して、仮名遣いの事を論じている。巻下の初めに、

世に流布せる仮名遣（中略）の本を定家の仮名遣と世間にいへ共《(ども)》、定家卿の所作にはあらず、大形《(おほかた)》に書集《(あつめ)》て置給ひし仮名遣に、又後人書添《(そへ)》てあま《(編)》れし故、あやまり有レ之といへり。

とあって、世にいう定家の仮名遣いを全面的には容認しておらず、また、「今是に記すは通ひ仮名のみ也」すなわち、活用語尾に関係したものに限って取り上げるといっている。

この書は、定家の仮名遣いの流れを承けたといっていいかどうかについても問題がある。むしろ、それとは別個に、活用の面から仮名の用法を、ある程度体系的に論述したものと見る方が当っている。

たとえば、

中のえの仮名を書事

消《きえ／きゆる》　越《こえ／こゆる》　見《みえ／みゆる》　絶《たえ／たゆる》

の項目では、このような「ゆえと通ふ」類は「やゐゆえよの五音の通ひ」[1]すなわちヤ行の仮名の活用語尾の相互関係で、「へ」「ゑ」は誤りで「え」を用いるべきであるといい、同じように「端のへの仮名を書事」の項では、「はひふへの四字にかよふ詞」として「給」の「たまはる・たまひ・たまふ・たまへる」のように「へ」を使用すべきだとする。この、活用による仮名遣いについては、すでに『仮名遣近道』などでも言われていたことだが、それをさらに詳しくしている。

このような規準を立てて、「奥のひの仮名を書事」「端のいの仮名を書事」「中のゐの仮名の事」「はの仮名をわの声につかふ事」「わの仮名を書事」などの項目を立てて、語例を挙げている。そして巻末に「五音図」を掲げているが、この図は、

ア　イ　ウ　ヱ　ヲ
ヤ　イ　ユ　ヱ　ヨ
ワ　イ　ウ　ヱ　ヲ

となっていて「エ」の仮名がない。しかし、直後には「ヱの連声《れんじょう》」として「ヱケセテネヘメエレヘ《エ》」とあり、前後不統一のきらいもあるが、注意すべきは、この書では「オ」と「ヲ」の書き分けの例について、一言も触れていないことである。「ヲ」と「オ」との書き分けは、定家の仮名遣いでは、第一に重要な項目であったのに、この書では、それを無視している。それはこのオ列音が活用語尾に来ないから、そのために取り上げられなかったわけであるが、実は本書の中でも、「むべやまかせ」「し

わざ」など、活用と関係のない語も少しは取り上げているのに、「を」と「お」に関しては、全く例を示していない。このことも、本書が、定家の仮名遣いの流れの上には乗っていないものであることの一証かと思われる。

大体定家は和歌の道が中心であるのに、この書は「連歌誹諧の懐紙」や「常の詞」(当時の口語)を主として取り上げたもので、定家の直流でないことは、この点からも窺われるわけである。

『蜆縮凉鼓集』

『仮名文字使蜆縮《けんしゆく》凉《りよう》鼓《こ》集《しゆう》』二巻は、元禄八年(一六九五)の刊行で、著者は序文に「鴨東蔌父《おうとうそうふ》」と記している人物であって、京都鴨川の東にいた田舎親父という意味であろうが、その素姓は、まだ判明していない。多分、京都生れで、謡曲を嗜んでいた人であろうと推察されている。

この書は、巻首に凡例があって、「じ」と「ぢ」、「ず」と「づ」の仮名遣いの誤りを正すことを目的として著した趣旨を述べ、この四つの音の発音上の区別等を詳しく説明した後、「五韻之図」「新撰音韻之図」を掲げ、次に「い」「ろ」「は」四十七の部門を立てて、語の中に「じ」「ぢ」「ず」「づ」の仮名を含む語千六百余を集め、第一音節の仮名によって各部門ごとに例示し、語によっては簡単な注を加えたものである。(1)

いかづち　雷　｜公同　ナルカミ共　　いなづま　稲妻　電同　イナビカリ共

のような体裁で、「ゐ」は「い」に併せ、「ゑ」は「え」に併せてある。そして、巻末には「追加十七条」と題して、「○じや　邪蚳闍麝」「○じ　児瓷時…而…」「ぢ　治持尼怩…」「○づ　頭図豆厨」のように、「じ」「ぢ」「ず」「づ」を含む字音を持つ漢字を列挙した表を加えている。

本書の書名は、「しじみ(蜆)」「ちぢみ(縮)」「すずみ(涼)」「つづみ(鼓)」という、この問題になる「じ」「ぢ」「ず」「づ」の仮名を含んだ語を並べた趣向によるものである。また、この書の凡例や図の中には、国語音韻の歴史の研究の上で役に立つ資料も多く見られる。京都、中国、坂東、北国等の人には「じ」「ぢ」「ず」「づ」の区別がないが、筑紫方《つくしがた》(九州地方)のことばには大体明らかに区別があること、連濁のこと、例えば「心《しん》」が他の字の下にあると「用心《ようじん》」「点心《てんじん》」のように濁る事実、当時の都のアクセントの実例、ダ行とザ行の発音の実態などを述べ、ハヒフヘホを「変喉」と称して、当時すでにΦ(F)からhに転じていたらしいことなど、多くの点で注目されている。[1]

本書は、上に述べたように、いろは引きの辞書の体裁を持っているが、各部の中は、さらに乾坤・生植(ママ)・気形・器用など、『節用集』などに見られる分類にしたがって、大体配列してあると見られている。

本書の特徴は、従来の仮名遣い書が取り上げていた「いゐひ」「をほお」「えゑへ」などの項目を一切取り上げず、もっぱら「じぢ」「ずづ」の区別だけを問題としている点である。そして従来の問題項目については、凡例の中で「ゐい」「おを」「ゑえ」などの中では、「主嚢の抄」等にしたがって、書き分けを示してあるというのだが、(1)「主嬰」とは「大炊助」(大炊寮の次官)の唐名で、多分、鎌倉時代初期の源親行のことであり、その孫の行阿がその著『仮名文字遣』の序文に、祖父親行が撰して定家がそれに合点を加えたといって、文字遣いを定めることは親行が最初であると述べているから、この『仮名文字遣』またはその伝流の書を指していると思われる。

「じ」と「ぢ」、「ず」と「づ」は、古くは別音として区別されていた。それが、鎌倉時代から、まず東国方言の中で混同が始まり、それが次第に都のことばにも及んで来て、十七世紀に入ると、この混用が次第に一般化して行った。しかし、年配の人々は、依然としてこの発音上の区別を保っており、ことに、いろは四十七文字の中で異なる文字であるから、その混用はあるべきでないとの規範意識が、強く働いたものと思われる。

この書は、この「じ」「ぢ」「ず」「づ」の仮名の区別を、初めて本格的に説いたものであるが、その編纂方針は、「定家仮名遣い」の延長線上にあって、それに説かれていない「じ」「ぢ」「ず」「づ」の区別について、初めて取り上げたものであり、この後、契沖の『和字正濫鈔』をはじめとして、代々、現代に至るまで、歴史的仮名遣いの一つのポイントとなったものであった。普通「じ」「ぢ」「ず」「づ」の混用の点で国語音韻史上重要な資料とされているが、それればかりでなく、仮名遣いの展開史の上でも注目すべきものと思われる。

『謡開合仮名遣』

『謡開合仮名遣《うたいかいごうかなづかい》』上下二冊は、池田幽雪（南海漁夫）（伝未詳、大坂の人という）の編で、『当流謡百番仮名遣開合』『謡文字開合秘伝』とも称し、元禄十年（一六九七）の序文がある。(1) 謡曲における開合について、前者は「ひらく、開」、後者を「すほる、合」として、発音の上で両者区別すべきことを、各番の順を逐って記述したものである。開合についての仮名遣いを中心として集めた書として古いものに属する。巻頭には、

本開　鶯《あう》 纐《かう》 荘《さう》 滔《たう》 悩《なう》 彭《はう》 盲《まう》 影《やう》 臈《らう》 往《わう》
本合　翁《おう》 猴《こう》 総《そう》 燈《とう》 農《のう》 蓬《ほう》 蒙《もう》 遥《よう》 楼《ろう》 応《おう》
中かなのすほり　央《ゑう》 嶠《けう》 証《せう》 眺《てう》 氷《へう》 妙《めう》 寥《れう》 蓼《せう》 焼《せう》 綾《れう》

のように、関係の字音の全範疇を示し、また、「しちすつの分濁ル（仍カ）□かな違事」として、「司《じ》」「従《じう》」、「路《ぢ》」「塵《ぢん》」、「葛《くず》」「必《かならず》」、「津《づ》」「都《づ》」などを列挙している。本文は「高砂」「田村」「湯谷」「班女」など謡曲の番の順を逐い、約三千の語句を掲げて、

上り　候　さふらうと　ひらく
今日　けふと　すほる
陽春　やうと　ひらく
本朝　てうと　すほる

のように開合の区別を示し、また、

二月　しの字和ニあつかふ
汝　なんちと　ちつめる
遠からす　す　和にあつかふ
静に　　しつと　づの字つめる

のように、「じ」「ず」は「和にあつかふ」、「ぢ」「づ」は「つめる」と区別して示している。

本書は、開合と「じ」「ぢ」「ず」「づ」の仮名の混同とが生じた後、あまり時期を経ないころに、謡曲において、これらの発音を伝統的に正しく保持するのを目的として、撰述されたものであり、本来は発音を正す点に中心があって、従来も、主として音韻史の面で、取り上げられて来たのであるが、仮名遣いの面について見ても、開合や「じ」「ぢ」「ず」「づ」の仮名を示したものの中で、初期の例の一つとして、しかもそれを体系的に整理した点も有するものとして、注意すべき文献である。

四　仮名遣いの説の大転換
——契沖の仮名遣い説

元禄時代の学僧

先にも少し触れたが、江戸時代の中ごろ、元禄時代に契沖という学僧がいた。国学者でもあり、歌人でもあった。摂津（いまの大阪府）の出身で、真言宗の僧侶となり、高野山に登って修行したが、大坂の曼陀羅院、摂津の妙法寺、大坂高津《こうづ》の円珠庵に住んで修学にいそしみ、真言教学の他、漢籍・国書にわたって、該博な知識を有していた。本邦古代の文献についての研究を進め、水戸光圀の委嘱を受けて『万葉代匠記』二十巻を著したのをはじめとし、『古今余材抄』『勢語臆断』『源注余滴』その他、多くの古典について、注釈を著したが、古文献に基づいた実証的な研究方法は、正に前古未曽有であって、近世考証学のさきがけとして、他に比類のないすぐれた業績を樹立した。

契沖は、これら古典の研究の中で、古代の文献の仮名の用法に、一定の規準のあることを発見し、克明に用例を蒐集調査して、『和字正濫鈔《わじしょうらんしょう》』五巻の書を著した。書名は、従来の仮名遣い（定家仮名遣い）の「濫《みだ》れたるを正す」の意であるが、規準は定家とは全く異なり、アクセントによる区別等を排して、すべて平安時代中期以前の古代文献の用法に拠るという方針を貫徹したのであって、仮名遣いの歴史の上で、全く空前の大転換であったということが出来る。

このように、契沖は、平安時代中期以前の古書の例によって仮名遣いを定めるという一大原則を打ち立てたのだが、典拠とした古書は、『古事記』『日本書紀』『万葉集』『風土記』のような奈良時代の文献と、平安時代初期から中期にかけての、『古今集』『和名類聚抄』などが主なものであった。

これらの古文献から集められた用例は、『和字正濫鈔』に記載されているものだけでも、大体三千語に及んでおり、古代国語の基本的な語彙は、ほとんど網羅されていた。その意味でも、契沖の成し遂げた業績は、まことに偉大であったといってよい。しかし、国語の語彙は、これだけで全部尽されたわけではない。契沖が、元禄時代に見ることの出来た古代文献の他に、それ以後の学者が発見したものも、相当の分量に上っている。それらの中で、契沖が、典拠を見出し得ないとしていたものの中、新たに発見された古代文献によって、仮名遣いを確定することの出来た語も少なからぬ量に上っている。

『和字正濫鈔』

契沖の著した『和字正濫鈔』五巻は、同人の著『万葉代匠記』二十巻と並んで、数多い契沖の著述の中で、最も広く知られているが、それればかりでなく、『和字正濫鈔』は、国語学史の上で不朽の業績を印した大著として、忘れることの出来ないものである。

『和字正濫鈔』は「和字正濫抄」とも書かれ、全五巻五冊より成る。「鈔」も「抄」も「写す」「謄写する」の意味があって、同じように用いられる文字だが、この本の場合、契沖の自筆本に「鈔」を用い、また、刊本にも「鈔」となっているから、金偏の「鈔」とするのがよいように思われる。しかし一方、契沖自筆の『和字正濫通妨抄』の中では「正濫抄」と手偏に書いているところもあるから、本人自身、さほど気にしていなかったものと思われる。古書の中には、『和名類聚抄』のように、同じ本でも、写本によって「鈔」とあったり「抄」とあったりするものがよくあるから、さほど厳密に一定することもないと思うが、一往「正濫鈔」を正式な形と認めてよいであろう。

また、「倭字正濫抄」と書かれたこともあるが[1]、「和」と「倭」との二字はよく通じて使用されたから、これも、正しいとか誤りとか論ずべきほどのものでもないであろう。

それよりもむしろ、『和字正濫鈔』という書名の意味について、注意すべきである。「和字」は、いうまでもなく「仮名」のことであり、ここではその用法の規準、すなわち「仮名遣い」のことを指しているが、「正濫」とは、「濫《みだ》れたるを正す」という意味で、著者契沖は、本来古く「正しい仮名の用法」があったのに、それが、後世になってから「濫れ」てしまったから、それを本来の正しい形に戻す、という、一種の復古主義の理念が働いていたのである。このことは、この本の性格と深い関係のあることなので、特に注目したい。

上に述べたように、仮名の用法に一定の規準があって、それにしたがって使用すべきだとする考えは、鎌倉時代以来、長い時期にわたって伝統的に伝承されて来た。もちろん、それは、主として和歌・和文など、わが国の古典に関する方面の学者の世界の中で行われて来たことであって、同じ学者の中でも、漢学や仏教の方面では、概して関心を持たれなかったことである。契沖は、単に日本の古典の研究ばかりでなく、仏教、ことに密教関係については、真言教学の方面で、長い年月にわたって力を尽していたのであり、また、漢籍の方面についても深い研鑽を積んでいたのであって、これらの事蹟については、近年、次第に詳しい研究もなされるようになって来た(1)。

しかし契沖は、仮名遣いの範囲を、従来のように、和歌和文だけに限定せず、もっと広く、漢籍や仏典など、漢文の訓点などについても、普遍的に適用すべきものと考えていたと思われる。そのことは、特に言及した文言があるわけではないが、例えば、

况　いはむや 剏同 （巻第二ノ二オ）
忽緒　いるかせ （巻第二ノ五オ）
至　いたる 附、致いたす （巻第二ノ六ウ）
乃　いまし すなはちのこゝろ （巻第二ノ一〇オ）
憩　いこふ （巻第二ノ一〇ウ）
交　まじはる （巻第五ノ三一オ）

など、実際には、古来漢文の訓点によく使用された語を、多数示していることである。右に挙げたのは、何れも出典名を示していないが、中には、漢籍仏典の名を注したものも少なくない。例えば、

於　おいて「おきて」なり。法相宗には「うへに」とよめり。「其上に置て」の心（意味）なり。
続日本紀、万葉、延喜式等にあまた「うへ」とよめり（二ノ一六ウ）

虫　うじ　神代紀又史記点（五ノ三〇ウ）

蝱　のむじ　これは野虫のごとくいふべくおほゆるを、真言宗に秘蔵宝鑰をよむに、「む」をはね、「し」を濁りてよみ来れり。虫を「うじ」ともよめば、世にもしか（然）よむや。尋てしるべし(1)（五ノ三〇ウ）

などのように、漢籍や仏典をしきりに引用している。しかしこれは本文の漢字なのではなくてそれに加えられた訓点の仮名を問題にしているのであり、右の「於」を法相宗で「うへに」とよむとか、「蝱」を真言宗の『秘《ひ》蔵《ぞう》宝《ほう》鑰《やく》』（本文は弘法大師空海の著）の訓点に「のんじ」と読んだりしているのを根拠としているわけである。厳密にいうと、これらの訓点の仮名が、平安時代中期以前の、古い形を伝えていることを証明した上でなければ、典拠として必ずしも十分とはいえないのであるが、とにかく、契沖は、このような漢文の訓点に用いられる語も併せて、仮名遣いの対象としていたのである。またこのことは、契沖自身がどの程度気付いていたかは明らかでないが、右の中で「いるかせ」「いたる」「まじはる」などの語は、中古以来、和歌や和文には用いられず、もっぱら漢文の訓点の用語

としてだけ使われて来た語彙であった。(1)

この種のいわば「漢文訓読特有語」についてまでも、その仮名遣いを定めようとしていることは、契沖以前に全くなかったわけではないようだが、少なくとも、契沖としては、この仮名遣いは、単に和歌和文だけの狭い世界に限って通用するものではなく、広くすべての国語の表記のための普遍的な規準であると考えていたことの一つの証になるだろう。

そしてこの点は、藤原定家が、仮名遣いを主として和歌和文に局限していたことと比べて、ある意味では、本質的な相違であったと思われる。

『和字正濫鈔』は全五冊から成る板本が刊行されて、世間に流布した。契沖の唱えた仮名遣いの説は、この板本によって広まり、多くの人々に影響を与えたようである。

この板本については、すぐ後にまた触れることとするが、『和字正濫鈔』には、この板本の他に、契沖の自筆の稿本と認められるものが二種伝わっており、また、この他に転写本があると伝えられている。二種の写本は、もと佐佐木信綱博士の所蔵であったが、その一種(仮に「甲本」と称する)は、先年架蔵に帰し、他の一種(仮に「乙本」と称する)は、一時高橋愛次氏の所蔵であったが、現在では国学院大学図書館の蔵に帰している。「甲本」は、一冊本で、巻第一に当る部分だけで、分量からいうと全体の五分の一ぐらいに当り、「総論」の部分に相当している。「乙本」も一冊本であるが、これは範囲はほぼ全体にわたっており、「甲本」と共通する部分について検討すると、「甲本」を基にして加筆補訂して出来たのが、「乙本」であることが判る。また、一方、刊本と比較すると、必ずしも一致しないのであって、おそらく「乙本」を基にして、さらに手を加えながら、最終的に刊本のような内容にまで完成させていったものと思われる。

この二つの写本の他に、さらに殿村家に蔵せられていた第三の写本があった。しかし残念ながら、第二次大戦で亡失した由で、大正十五年に刊行された旧版の『契沖全集』に掲載された、一部分の写真によって、わずかにその俤を推測することしかできないが、知り得る限りでいうと、

殿村本→乙本→刊本

というような順序で改訂されていったと推定される。

これらの諸本を比較して見ると、契沖は、一旦書いた原稿を、さらに推敲を重ね、増補訂正を加えて、板本に到るまでに、多大の苦心を払っていたことが判る。

「乙本」の序文や本文の末尾にある奥書によると、元禄六年（一六九三）二月に序文を書き終り、また、本文の末尾には、翌元禄七年四月に一校し竟《おわ》った旨のことが記されている。しかし、この元禄七年四月の奥書を抹消しているので、多分、その後もさらに補訂の筆を休めずに続けて行ったものと思われる。

刊本には何種類かあるが、一番古い年号を持つのは、元禄八年（一六九五）九月の日付のある本であって、この時点で刊行されたものと思われるが、日付が同じなのに、発行所の書店の名称の異なる

ものがあり、この元禄八年板の中にも、さらに本文に少しばかり異なった本があって[1]、多分、刊行直後にも、補刻訂正などを怠らなかったものと思われる。

この元禄板に続くものとして、元文四年（一七三九）、文化四年（一八〇七）、文政三年（一八二〇）など、多くの後刷の本があるが、いずれも、元禄の同じ板を使用したらしい。

このように、『和字正濫鈔』と一口にいっても、その本文をどの本によって定めるかが、大きな問題となって来る。ここで、もう一つ注意しなければならないのは、京都市の上賀茂神社の三手文庫に所蔵されている、元禄刊本のことである。この本には、朱書によって多量の書き入れが行われていて、その内容は非常に正確適切なものなので、契沖自身の書き入れであろうと考えられる。その書き入れは、例えば次のようなものである。（「　」が後から書き加えた部分）

羊躑躅　いはつゝし「以波豆ゝ之」　和名もちつゝしとも「毛知豆ゝ之」　（二ノ一ウ）

押　おさへ　万葉「於佐倍乃城　廿」　（三ノ二六ウ）

蹩散　くゑはらゝかす　日本紀「此云倶穢簸邏ゝ箇須」　（四ノ一三ウ）

故　ゆゑ　「万十一大舟のゆたにあるらん人の児由恵爾（以下略）」万葉におほし、古事記にもあり、ゆへとかくは誤来れるなり。改むへし　（四ノ一四オ）

右のように、平仮名だけの本文の傍に、原文の万葉仮名を補っているところや、用例を追加したりしているところが多い。

厳密に言えば、「万葉」「和名」などと出典を注記したとしても、原本の原文は万葉仮名なのだから、その万葉仮名を示して、初めて完全な典拠となるもので、平仮名だけでは、必ずしも証明として十分とは言えない。そのことを、多分、契沖もよくわきまえていて、一旦刊行された『和字正濫鈔』の内容を、一層確かなものにしようと考えたのかも知れない。しかし、この書き入れを伴った本は、江戸時代にはついに刊行されることなくして終ってしまい、『正濫鈔』の本文は、漢字と平仮名だけのものとしてしか、世間には広まらなかった。先年、岩波書店から刊行された『契沖全集』の第十巻の中で、初めてこの書き入れが活字化された(1)。

刊本で見ると、『和字正濫鈔』は全体で五巻から成っている。巻一は、最初に序文があって、その末尾には「元禄癸酉六年（一六九三）二月二十一日序」とある。次いで総論があり、行阿の『仮名文字遣』を引用し、その中に混乱が多いことを批判し、それに続いて自説を掲げ、『日本紀』（『日本書紀』）から『古事記』『万葉集』『延喜式』『和名類聚抄』『古今集』、私家集など、仮名遣いに証とすべきものを引用して証明し、いろはの順序に配列して示したと述べている。次いで、言語の音声のことを悉曇《しったん》学（古代のインドの言語学で、主として仏教と共に日本に伝えられたもの）を中心として述べ、「五十音図」を示し、さらに「いろは」の平仮名・片仮名の字源、その語句の意味を注記して、全体として、契沖の「言語学概論」ともなっている。もっとも、この部分の内容は、その師である浄厳《じょうごん》（一六三九―一七〇二、契沖よりも一歳年長）の悉曇学の影響を多く受けていて、契沖自身のオリジナリティは必ずしも多くはないと見られるが、掲載された五十音図の中で

安《あ》	以《い》	宇《う》	江《え》	遠《を》○
也《や》	〓《い》	〓《ゆ》	〓《え》	〓《よ》
和《わ》	〓《ゐ》	〓《う》	〓《ゑ》	〓《お》

のように、ア行の「を」とワ行の「お」とが誤って入れ替っているだけで、他はすべて正しく訂正してあることが注目される。この当時までは、

ヤ	ヰ○	ユ	ヱ○	ヨ
ワ	イ○	ウ	エ○	ヲ

などのように混乱した音図が横行していた。このような時代に、「ヲ」と「オ」との他はすべて正しくしたことは、契沖の大きな業績の一つとして、山田孝雄博士(1)などによって顕揚されている。

巻二以下は、「い」「ゐ」「ひ」「を」「お」「ほ」などの項目を分ち、各項目ごとに、いろは順に語を配列して、使用すべき仮名の語を列挙している。

巻二　い　中下のい　ゐ　中下のゐ　ひ

巻三　を　中下のを　お　中下のお　中下のほ
巻四　ゐ　中下のえ　ゑ　中下のゑ　中下のへ　中下のわ　中下のは　中下のう
巻五　中下のふ　むとうとまきる丶詞　みにまかふひ　うとむとかよふ類　をと用ゆるふ　うとぬとかよふ類　みをうといふ類少〱　むとぬとかよふ類　みをむといふ類少ゝ　むともとかよふ類　仮名にたかひていふ類　むとふとかよふ類　中下に濁るち　ふともとかよふ類　中下ににこるし　へとめとかよふ類　中下ににこるつ　めときこゆるへもし　中に濁るす　むとまかふふ　何ろふといふ詞

のような項目を掲げている。巻五の末尾は、音通（母音や子音の入れ替り）のことなどを述べ、ことに、「愛宕」が「あたご」と「おたぎ」と通い、「たわゝ」が「とをゝ」と通う、というように、「あ―お」「わ―を」が通用する例を挙げ、「ア　ヲ／ワ×オかくのごとくすみちがへにかよへり」といっているのは、もう一歩進めば、

ア　イ　ウ　エ　オ
ワ　ヰ　ウ　エ　ヲ

という正しい五十音図への復帰の直前まで来ていたことを示すものであり、国語学史の上では有名な一段である。

具体的な例語の説明の体裁について見ると、

たとえば「い」の部では、

い　以伊異已音五十訓等用之

膽　い　膽駒、膽吹、熊膽等准之　射　い　射手、射場等これにおなし。日本紀にいくふともよめり

寝　い　朝寝等　色　いろ　何色等附、彩いろとる

母　いろは　はゝの古語　弟　いろと　日本紀いろおとのおを略せる歟。いろは上のいろはの略にて同母弟の意歟

「ゐ」の部分では、

ゐ　為韋委威尉音居井訓等

猪　ゐ　猪名野等知へし　……　井　ゐ　岩井、山井、井筒、井戸等准之　……　将　ゐる　ゐてゆく、ひきゐるなとおなし　……

田舎　ゐなか　万葉和名　……　牛膝　ゐのくつち　和名。俗云ゐのこつち

のような体裁で、使用すべき仮名表記と、その出典とを示している。そして例語は、いろは順に整理して配列されている。

この中に引用された文献は、序文にその一部が挙げてあるが、

古事記　日本書紀　万葉集　風土記　仏足石歌　続日本紀

のような上代（奈良時代・八世紀）の文献をはじめとして、

日本後紀　続日本後紀　文徳実録　三代実録　延喜式　新撰万葉集　和名集（和名抄）　古語拾遺

のような平安初・中期（九・十世紀）の文献が続き、もと万葉仮名で記してあったものを引用している。分量からいうと、『和名抄』からの引用が圧倒的に多い。この他に、

古今集　後撰集　拾遺集　玉葉集

など、もともと平仮名で書かれていた和歌和文の類があるが、さらにこの他に、

白氏文集　文選　日本紀（和訓）　秘蔵宝鑰

などのように、漢文の訓点を引用したものがある。また、中には全く出典を引用しないものや、

澤瀉　おもたか　真名仮名共未考（三ノ三一オ）
阿容　おもねる　未考（三ノ三一オ）

のように、仮名を定めかねたままのものもある。これは、古い文献にその語の用例のなかったものである。しかし、契沖が出典を挙げたものの中でも、『古今和歌集』などの平仮名文献は、平安時代の写本ではなく、後世の写本か、または江戸時代の刊本などに拠ったものと思われ、厳密な意味では、仮名遣いの典拠の確実な用例とするわけには行かない。現に、現在残っている最古の『古今集』の写本とされている「高野切」、これは伝紀貫之筆ということになっているが、吉沢義則博士などをはじめとする諸家の研究によって、貫之（八六八ごろ—九四五ごろ）よりも少し時代が下るとされている。その中でさえも、すでに、古い仮名遣いとは一致しないものがいくつか発見されている。貫之の自筆の写本というものは今日残っていないが、それを忠実に伝えたという青谿書屋本『土左日記』（江戸

時代初期の写本）の中にも

たへす（絶えず。えが正しい）

のような仮名遣いの混用のあることが、指摘されている。これについては、池田亀鑑博士の説があって、原本では正しかったのを誤ったものであろうとされているが[1]、近時、この青谿書屋本の親本に当る藤原為家本（鎌倉時代の写本）が出現したことでもあり、今後の国語学的研究が待たれる。

また、契沖が挙げた中に『日本紀』『遊仙窟』『文選』『白氏文集』など、漢文の訓点の例がある。

血泣　いさつ　日本紀（二ノ一一オ）

気調　いきさし　遊仙窟（二ノ一二オ）

これらの訓点は、平安時代中期以前の用例ならば、仮名遣い決定の根拠になるが、それより以後のものであれば、その根拠にはならない。多分契沖は、そのような古い時代の訓点本までは見ていなかったと思われ、このような古訓が、漠然と、平安中期以前から伝来したという感覚によったものと思われる。このような点もあり、『和字正濫鈔』の典拠は、そのすべてが必ずしも十分に揃っていたというわけではない。

そうはいうものの、『正濫鈔』の長所としては、この他にもなお、多くの点が挙げられる。そのいくつかについて次に述べておきたい。

その一つは、固有名詞を普通名詞と併せて多数列挙していることである。もちろん、すべてのものを網羅することは不可能だが、国名、郡名、郷名（これは多分、『和名抄』などを基にしたのであろう）をはじめとして、古典に現れる地名など、多数のものを載せている。

伊賀　いが　伊勢、伊豆、伊豫等准此　（二ノ五オ）
何鹿　いかるか　和名。丹波国郡名。斑鳩をかくかきなせるなり　（二ノ五ウ）
因幡　いなば　〔欄外書き込み「以奈八。於人切」〕　（二ノ八オ）
印南野　いなみの　又日本紀幷万葉に、稲日とかきていなひとも　（二ノ八ウ）
甲賀　かふか　和名。近江国郡名。日本紀に鹿深《カフカ》とかけり　（五ノ四ウ）
萬葉集　まんえふしふ　（五ノ八ウ）

第二に、『和字正濫鈔』では、漢字の字音語（漢語）についても言及していることである。ただし、決して字音全体を網羅しているわけではなく、主として古典に出て来るような語彙に限られていて、この後、漢字音について発達した、釈文雄《もんのう》、本居宣長、義門《ぎもん》、白井寛蔭などのような体系的研究ではない。その点、部分的に止まるといわざるを得ない。もちろん、漢語の例も、『下官集』をはじめとして、行阿の『仮名文字遣』にも

ゐいする（詠）　ゐいよう（栄耀）　ゐうち（幼稚）　かいさう（海藻）

など例は多く、契沖も、この点ではことに新しい方法を主張したわけではなかろう。

本書に見られる字音語は、ほとんど出典がない。これは当然のことで、字音の仮名資料については、

明治末期以降の大矢透博士などの研究によって、はじめて学界に取り上げられたものであり、それまでは、ほとんど中国の韻書や『韻鏡』などに拠っていたものである。

印　いん　伊刃切なり。ゐんと書へからす　（二ノ九オ）
大夫　たいふ　（二ノ一五オ）
大輔　たいふ　（二ノ一五オ）
犀　さい　附、奴角はさいのはなつの　〔朱書「音西此間音在」〕　（二ノ一八オ）
（朱書は『和名抄』から引用して後から書き加えたもの）
縁　えに　音をかくいへり。余泉切　（四ノ一オ）
烏帽子　えほし　（四ノ一ウ）
怨　えんす　怨、於願切　（四ノ二オ）
會　ゑ　節會等。胡外切、呉音　（四ノ九ウ）
詠　ゑい　為命切　（四ノ九ウ）
榮華　ゑいくわ　榮、為明切　（四ノ一〇オ）
衛士　衛、韋穢切　ゑし　（四ノ十一オ）
庖丁　はうちやう　（四ノ四四オ）
判官　はうくわん　今古　（四ノ四四オ）

拍子　はうし　又ひやうしとも　（四ノ四四ウ）
陪従　べいじう　（四ノ四五オ）
陵王　れうわう　舞名。陵、力升切　（四ノ四九オ）
興　けう　（四ノ五二オ）

このような字音語の典拠を何から求めて来たのかについては、ほとんど出典の書名も見えず、はっきり判らない。多分、契沖が見た古書などによったのかも知れない。

字音仮名遣いについては、また後に触れるが、『韻鏡』などによって類推して割り出したものでなく、古来の書法を継承していると思われる例がいくつかある。

その一つは、「すい」「つい」「ゆい」「るい」などの仮名である。次のような例がある。

水精　すいさう　（四ノ五六ウ）
鎚子　ついし　都以之　（二ノ一五ウ朱書書き入れ）

本篇にはこの二例しか見出せなかったが、これらは、後には「すゐさう」「つゐし」と書くのが正しいとされた字音である。後に述べるように、この種の仮名遣いは、文雄の『和字大観抄』（宝暦四年〈一七五四〉刊）から主張されたことで、それ以前には、平安初期以来、連綿として歴代を通じて「すい」「つい」と「い」であった。そして大正時代以来の研究によって、「すい」「つい」の方が正しいことが証明されている。契沖は、その在来の正しい説を継承していたのである。

この類は、同じ契沖の『和字正濫通妨抄』の中には、さらに、

累葉　るいえふ　（二ノ四四二頁）

遺教経　ゆいけうきやう　（五ノ六二三頁）

出頭　すいとう　（五ノ六四四頁）

のような例を見ることが出来る。

第二の例は「きう」「しう」などの仮名遣いである。

陪従　べいじう　（四ノ四五オ）

龍膽　りうたう　（四ノ四五ウ）

などの「じう」「りう」は、後世は「じゆう」「りゆう」が正しいとされて来たが、近時の古代語史料の調査によって、「しう」「りう」が正しいとされて来ている。

一方、誤用の例もいくつかある。その一つは「いよう」と「えう」との混用である。

興　けう　（四ノ五一ウ）

浮線綾　ふせんれう　（四ノ五一ウ）

これらは「きよう」「ふせんりよう」が古形であり、早く平安時代の末ごろから混用が始まった[1]もので、中世の写本には多く見られるため、その誤りを襲ったのであろう。

『和字正濫鈔』についてはもう一つの注目すべき点がある。それは、巻五の末のあたりに、

中下に濁るち
中下に濁るし
中下に濁るつ
中下に濁るす

という四つの項目を立てていることである。この中で、

〔ぢ〕恥　はぢ、はづ　伯父　をぢ　碊道　やまのかけぢ 和名　鯵　あぢ 和名
〔じ〕虹　にじ　項　うなじ　蜆　しゞみ 万葉 和名
〔づ〕出　いづ　万　よろづ　鯰　なまづ 和名　汞　みづかね 和名
〔ず〕数　かず　髻華　うず 日本紀、又鈿　鈴　すゞ　雀　すゞめ　（濁点は筆者が補った）

などの例を挙げている。いわゆる「四つ仮名」の混用を戒めているもので、「ぢ」と「じ」、「づ」と「ず」は、古く室町時代の中ごろまでは一般に区別されていたが、永禄九年（一五六六）に成立した『新撰仮名文字遣』（一冊、吉田元正著）に「じ」と「ぢ」との区別を注意しているから、十六世紀末から十七世紀初頭には、この混用が一般化していたと推測される。少し後になると、前述（七二頁）のように、もっぱら「四つ仮名」のことを説いた『蜆縮《けんしゆく》涼《りよう》鼓《こ》集《しゆう》』のような書物さえ著されるに至ったが、これもこの混用の一般化の証拠である。『蜆縮涼鼓集』の刊行は元禄八年（一六九五）であって、丁度『和字正濫鈔』と同年である。『正濫鈔』の著者自筆本である「乙本」には、それよりも二年前

の元禄六年（一六九三）の年号があり、この種の仮名遣いを説いたものとしては、最古というわけではないが、相当に早い時期のものだということができる。

ところで、その根拠とした文献には、『万葉集』や『和名抄』など、あまり多くは挙げていないが、朱書の書き入れの中には、『和名抄』に拠ったものも多いようで、何れにせよ、この種の他の書にはあまり見られない典拠主義が、ここにも見えていることは、注目すべきことと思われる。

『和字正濫要略』

『和字正濫要略』一冊は、契沖の著であって、巻尾に元禄十一年（一六九八）五月八日の日付があるので、この時に成ったものと考えられる。ただし、この本は江戸時代には出版されることなく、もっぱら写本として世間に伝えられた。これが公刊されたのは、明治三十四年（一九〇一）に「語学叢書」に収められて活字版として刊行されたのが初めてである。現在非常に多数の写本が伝わっているが、何れも江戸時代中期から末期にかけてのものであって、契沖の自筆本と確認される本は、残念ながら未だ発見されていない。

それらの中で、自筆本に最も近いと考えられるものに、円珠庵蔵本がある。現在は、大阪府立図書館に寄託されている本で、筆蹟も一見契沖に似ているが、若干の欠脱などがあって、自筆本などを転写したのではないかと思われる。

一方、上賀茂神社の三手文庫には、今井似閑《いまいじかん》が人に命じて書写させ、自ら校訂した本があるが、円珠庵本とのあいだはいくらか入り組んだ関係があるらしい。その末尾に、宝永四年（一七〇七）五月上旬に一校し畢《おわ》ったとの奥書があって、さらにその後に、今井似閑が朱筆で書いた奥書がある。(1)

今井似閑（一六五七―一七二三）は京都の豪家に生れ、最初下河辺長流などに就いて学んだが、後、契沖に私淑して『万葉集』を学び、四十歳足らずで家業を譲った後は、京都鴨川辺の六波羅蜜寺の近くに隠棲して古典の研究に没頭したといわれる。その書は多く上賀茂神社三手文庫に寄進され、また、一部は山口県に贈られて（山口県立図書館現蔵）、ともに伝存している。契沖の著書の転写、書き入れなどの遺品が多く、その言うところは信頼性が高いものと思われる。

右の奥書で、似閑は次のようなことを述べている。

一、この『和字正濫要略』という書は、契沖の述作である。

一、以前に『倭字正濫鈔』五巻を契沖が著述して、歌道の便りとされた（実は、契沖が『正濫鈔』を述作したということは、刊本の中には一箇所も記されておらず、自筆本の中に署名があるに過ぎないので、この記述は、非常に重要な価値がある）。

一、武江（武蔵江戸のこと）の住人橘成員が『和字通例書』八巻を著して『正濫鈔』をいちじるしく誹謗したので、師契沖は古書による旨をこの本でつぶさに述べられ、また、『正濫鈔』にも添書きされた（三手文庫本の『正濫鈔』の刊本にある書き入れが契沖自筆と考えられるのは、一つはこの記事が根拠となる)。

ただ、いくつか問題点はある。

第一に『正濫鈔』は「哥道の便り」としたということである。これは、前にも述べたように、歌には用いない語まで含まれているから、契沖は広く一般的な範囲を考えていたのではないかとも思われるが、しかし、さらに考えるのに、この『和字正濫要略』は、その巻首に序文があって、その中に

今哥書に用る言の中について、常に人のまがへぬをばおきて、あるひは昔よりあやまり、あるひは今の人のまどひやすきをえりて、和字正濫要略となづく。

とあることから見ると、純粋に和歌そのものだけではなくて、いわゆる歌学書・評論書まで含めて考えるということかと思われる。それらの中には、中世以降に発達した和漢混淆文的な要素が次第に多くなって行ったことであるから、それらの中に漢文訓読に特有の語が併されていることも首肯されるのである。とにかく、鎌倉初期に藤原定家が『下官集』を撰したころは、ほとんど和歌の語ばかりであったから、「歌書の仮名遣い」といっても、中世以降その語彙の範囲が増加したことは、否定出来ない事実である。

ところで、この『和字正濫要略』が、橘成員の『倭字古今通例全書』への反駁の書として著されたことは、右の似閑の奥書で明言されており、また、本文の最初に『和字正濫通妨抄　補改』とあって、『通例全書』に対して徹底的に批判攻撃を加えた『和字正濫通妨抄』五巻を縮約したように見える。

確かに、中には『通例全書』を暗に批判した口吻もところどころに見えている。(1)しかし全体としては、『通妨抄』ほど激越な言辞は見られないようである。

『通妨抄』の場合は、『通例全書』に対して、順に、逐条批判攻撃を加えていったのだが、この本の構成は、それとは異なり、むしろ『和字正濫鈔』と同様であって、最初にある「第一巻序」「第二巻」「第四」（ママ）「第五巻」などの標目は、内容を比べて見ると『正濫鈔』の巻次と合致している。(2)また、それに続く項目も、大体、『正濫鈔』と同様であるから、書名のままに素直に解釈して、『和字正濫鈔』の要略本とすることも出来よう。その九箇月ほど前に述作した『和字正濫通妨抄』の烈しい気概が、この本の文面には現れないけれども、内に籠っていると見てよいのではなかろうか。『和字正濫要略』が『和字正濫鈔』と異なる最大の点は、典拠を示すのに、出典の名称だけでなく、その原文をも多く示しているということである。たとえば、

〔正濫鈔〕引佐　いなさ　和名。遠江郡名　〔三手本書入「伊奈佐木　万葉、伊奈佐保曽江十四」〕

〔要略〕引佐　いなさ　遠江郡名　和名、伊奈佐、万葉第十四にも、伊奈佐保曽江とよめり（下略）

のごとくであって、「いなさ」の例などを見ると、「要略」は三手本の書き入れなどを基にした部分があったかも知れないと思われる。

しかし、全体として、語彙の数がわずか三百ばかりであって、『正濫鈔』の三千にはとても及ばず、『要略』だけでは実用の上で十分ではなかったのであろう。この本が出版されるに至らなかった事情

は、まだ明らかでないが、このような非実用的性格も、あるいはその原因の一端であったかも知れない。

『和字正濫通妨抄』

『和字正濫通妨抄』は五巻五冊より成り、京都の北野天満宮に、契沖自筆の写本が伝来している。この本は、前にも触れたように、元禄九年（一六九六）八月に刊行された『倭字古今通例全書』という本に対する反駁の論である。『倭字古今通例全書』は「貉睡堂橘仲宇成員」なる人物の編著で、元禄八年（一六九五）九月七日の自序があって八巻から成り、巻一の巻首に仮名凡例として「五音五位」と題する五十音図、いろは歌等を掲げ、和漢の語彙約四三五〇語を第一音節によっていろは四十七部に分ち、各部をさらに意味によって乾坤・気形・生植・服器・雑事の五類に分けて、各項ごとに、

いぬゐ　乾
いざよふ《ウ》つき　徘徊月
いざよひ《ゐトモ》のつき　不知歴月

のように仮名遣いを示し、各項ごとに説明を加えている。

本書が、それまで代々伝えられて来た定家仮名遣いの流れを受けた諸書の所収の語彙を集大成しようとしたものであろうということは、大野晋博士・井之口孝氏・前田富祺氏などの説かれるところで

あり、ことに『易林本節用集』から多くの語彙を採用していることは、井之口氏の指摘されたとおりである。その「易林本」自体が、定家仮名遣いを採用した旨を跋文に記しており、「易林本」が定家仮名遣いの末書の一つである『仮名文字遣』と関連あることは、前にも述べたように、根上剛士氏のすでに指摘されたところである。

契沖は、この書をもって、自著である『和字正濫鈔』に対する反論の書と判断した。そして、この書の各条を逐一取り上げ、悪口雑言を極めた非難の言葉を浴びせた。(1)そして成ったのがこの『和字正濫通妨抄』である。『正濫鈔』を妨害する説を破するというのが、その書名の所以であろう。

その動機は、自筆本の巻頭に詳しく記されている。しかしこの写本は、加筆訂正がはなはだしく、大幅に抹消した部分や、字句の誤脱かと見られる点などが多くて、最終的な決定稿であったのかどうか、疑問を挿む余地がないでもない。大体、この書がついに出版されることなく、しかもその転写本さえも全く伝存していないのは、何故であろうか。『和字正濫要略』の方は、転写本が極めて多数現存しているのと比べて、あまりにも対蹠的である。しかし契沖自身は、水戸家臣の板垣宗膽宛と推定される書簡（元禄十年か）で、本書四巻を完成した旨を述べており、また、同じく元禄十年十月二十六日付の某所宛の書簡には、『通妨抄』と同じような趣旨の記事が見えている。契沖自身は、この書の刊行を希望したのかも知れないが、それが実現するに至らない、何等かの事情があったのであろう。

契沖はこの本の序文の中で『倭字古今通例全書』が出たことにより、自著『正濫鈔』の権威が地に堕ちることを怒り、その説を徹底的に排撃粉砕すると揚言している。[1] 本文中にも至るところで非難の言辞を重ねているが、各冊の表紙にまで、次のような嘲弄の和歌を記している。

腹黒に学問青き白人は仮名をたがへて赤はぢをかく（巻二表紙、「か」の字不明確）

かなづかひまたうちかへしつくれるは畠瘡《はたけがさ》より恥のかきあき（巻三表紙）

たちかへりさかさま川のいは浪のむかしの人にきするぬれぎぬ（巻四表紙）

このように、契沖は『通例全書』を不倶戴天の仇のように扱ったが、『通例全書』は、本当に『正濫鈔』に対抗して、それを意識しつつ記された本だったのであろうか。『正濫鈔』の出版が元禄八年九月であり、『通例全書』の刊行が元禄九年八月であって、その間に十一箇月の隔りがあるが、成員の自序には「元禄八年の秋ふみ月七日」の日付があり、この日付が作為的に遡らせたものと考えるならば話は別であるが、額面通り受け取るならば、『正濫鈔』の出版と『通例全書』の原稿の完成とはほとんど同時であったということになる。確かに、『通例全書』の前文の一部である「行阿の仮名文字遣と云書ありて」以下の文は、『正濫鈔』の巻一の総論の部分と類似した点が多く、この部分は、後に追加したことも考えられるが、本文の構成は全く異なるし、その上、本文中に「正濫鈔」「契沖」という語は一回も現れず、また、積極的に攻撃否定したような文面も見当らない。『通例全書』の誤りに対する契沖の指摘は、もちろん、大部分が当を得ているものであるが、どうも契沖の一人相撲だったのではないかという疑いも、拭い去ることが出来ないのである。

五　歴史的仮名遣いの発展
――契沖説の継承と考証の深まり

『古言梯』

契沖の学問を直接継承した弟子には、今井似閑や海北若沖《かいほくじゃくちゅう》等がいた。今井似閑（一六五七―一七二三）の主著は『万葉緯《まんようい》』で、『万葉集』当時の文献を集録したものである。また海北若沖（一六八〇―一七五六）は、大坂の町人だったらしいが、幼時から契沖に師事した。『和訓類林』の著があり、『万葉集』『和名抄』など、二十数種の文献の和訓を集録して、いろは順に配列したものである。これら弟子たちが、契沖の仮名遣いを、どの程度遵守していたかは、未だ十分調査されていない。『正濫鈔』の刊本が、数回の版を重ねたことは前に述べた通りだが、この時代にあっても、世間全般にわたってこの説が行われたというわけではない。むしろ一方では、『通例全書』に類する、古来の定家仮名遣いの系列を受けた伝書が、相変らず幅を利かしていた。

そのような風潮の中で、『正濫鈔』の説を正統的に継承し、しかもそれを発展させる本が出現した。楫取魚彦《かとりなひこ》の『古言梯《こげんてい》』がそれである。

『古言梯』は、今日では普通「コゲンテイ」とよまれるが、古くは、「フルコトノカケハシ」と呼ばれていたようである。著者楫取魚彦（一七二三―一七八二）は、下総国（いまの千葉県）香取郡佐原村に生れ、のち江戸に移住し、青年時代から俳諧に親しみ、建部《たけべ》綾足《あやたり》と近付きがあった。宝暦九年（一七五九）には賀茂真淵に正式に入門して古学に励んだ。また宣長を訪問したかとも言われている。

楫取魚彦が『和字正濫鈔』に関心を抱いたのがどんな動機によるのか、まだ十分に知られていない。彼の師である賀茂真淵が『万葉集』の研究に一生を捧げた人であるから、その関係で古代の仮名遣いに関心を抱いたのかも知れない。

『古言梯』一巻（一冊　明和五、六年〈一七六八、九〉ごろ刊）は、契沖の唱えた歴史的仮名遣いの主義を奉じ、広く古代の文献に仮名用法の典拠を求めてこれを集め、五十音順に語彙を配列して、一語ごとにその典拠となった文献を明示した書物である。明和元年（一七六四）八月の著者楫取魚彦の跋文があって、この年に完成したことが判るが、実際の刊行は明和六年正月ごろ、または明和五年十一月ごろといわれている。(1) この本には、また、その師賀茂真淵の跋文も加えられている。

巻頭の序文によると、魚彦は、契沖にそれほど傾倒していたのではなく、一往は敬服しているが、未考や典拠未記の部分の多いことを不満としている。出典を示したのは三、四割しかないというのは少し言い過ぎかも知れないが、『正濫鈔』の刊本に万葉仮名が記されていないことなど、おそらく楫取魚彦にとっては論拠不十分な書と映じたに違いない。『正濫鈔』が未定稿だったのをある人が無理に刊行させたといっているのは、林義雄氏の指摘されたように、『和字正濫通妨抄』の中の記事とも照応することである(1)。なお、『正濫鈔』の刊本それ自体に、契沖の名が一箇所も見えないことは、何か理由が伏在するに違いないのであって、水戸藩を憚ってのことかという推測も成立しようが、ともあれ、世間に契沖の著として信ぜられ、広まっていたことは、この楫取魚彦の立言によっても知られることである。

また、本書は大部分が和語であって、字音語についてはほとんど述べられていない。これは、字音の仮名遣いと和語の仮名遣いとを別に取り扱うこととした端緒を開いたものとも思われる。

ところで、『古言梯』の内容であるが、上述のように、五十音順に四十七の部を立てた後、さらに「一言」「二言」「三言」のように、仮名の数(音節数)によって分類し、「一言」の部では、

[あ]　安。阿。婀。鞅　音也 [古事記] [日本紀] [万葉集] 仮字 下同

のように記し(濁音の仮名は清音の仮名《カナ》と区別して示す)、次に「二言」以下の項では、

〔二言〕[あは]　穀也 [古事記] 阿 波 [日本紀] 同　粟

〔三言〕[あづき]　豆也 [紀] 阿 豆枳 [和] 同　小豆

〔四言〕あわゆき　古 阿和由 岐　万　和 同　沫雪

のように、一々出典の書名とその万葉仮名とを挙げている。仮名遣いについての書物である以上、仮名遣いに関係のある仮名を含んだ語だけに限っていることは当然であるが、その項目や全体の理論的な点についいては、序言で簡単に触れているだけであって、本文中には全く述べられていない。完全に実用的な辞書なのであった。

　初版本の巻頭に五十音図が掲げられているが、これを見ると、

あ　い　う　ゑ×　を×
や　い　ゆ　え　よ
わ　ゐ　う　ゑ　お×

のようになっており、本文の順序も、「あ」「い」「う」「ゑ」「を」「か」……となっている。これも、最初の形が『和字正濫鈔』に直接に拠ったのではないことを示している。『和字正濫鈔』は、上に述べたように、

あ　い　う　え○　を×
わ　ゐ　う　ゑ○　お×

と、「お」と「を」の所属の行は誤っていたが、「え」と「ゑ」の所属の行は、正しく認めていた。楫

取魚彦は、刊行直後に誤りに気付いたものと見え、次の版では、ア行の「ゑ」を「え」と改めて、

あ　い　う　え○　を×

とした。この後にも、「再考本」「増補標註本」「縮刷本」「山田常典本」など、著者の没後に至るまで、多数の版が重ねられた。楫取魚彦は、真淵の門弟の一人として、二百人余りの弟子を持ち、江戸にあって国学を大いに宣揚したといわれるが、この『古言梯』が多数の版を重ねたのは、この国学の学流の隆昌と関係があり、それが、契沖の歴史的仮名遣いの普及に大きな役割を占めていたことも認められよう。

『古言梯』の特徴は、右に述べたように、実用的辞書の性格を強調したものであるが、同時に、出典を一々明示したところにあった。その出典については、その巻頭に、

古事記　日本紀　続日本紀　続日本後紀　続紀宣命　延喜式　式祝詞　万葉集　新撰万葉集　新撰字鏡　和名鈔

出雲風土記　豊後風土記　古本神楽歌　古本催馬楽　古本風俗歌　日本紀竟宴歌　仏足石歌　文徳実録　三代実録　戸令　集解　江次第　字音

の十一種を挙げているが、本文の中にはさらに、などの真名書き文献が用いられていることを林義雄氏は指摘されている。(1) もっとも、その示し方は簡略なもので、例えば「川」という語についても、

かは　古 迦波　紀 万 同　川　又河

とあるだけだが、実際には、『古事記』には「賀波」「迦波」「加波」、『日本書紀』には「箇破」「哿波」「哿簸」「舸播」「伽破」、そして『万葉集』には「可波」「加波」「河波」「河泊」などの多くの字面が使用されているのに、『古言梯』では右の一例を挙げただけに過ぎないのである。

しかし一方、『正濫鈔』の刊本では逸していた語彙、例えば「あづまや」（『和名抄』）「あをによし」（『古事記』）など、多数の典拠ある語を補っており（一部は契沖が三手本の書き入れで気付いて補入したものもあるが）、一々古書を探って編述した労作ということが出来る。ことに、このころ新たに発見された古辞書である『新撰字鏡』を大いに活用していることは注目すべきで、このことはすでに指摘されていることだが、たとえば、

あきなひ　あつかひ　あやふし　あわて

など、この語によって、初めて仮名遣いの確定されたものも少なくない。

『新撰字鏡』は、平安初期（九世紀の末）ごろ、僧昌住という人の著した漢和辞書で、約三千の和訓が万葉仮名によって記載されている。長らく世に知られなかったが、江戸時代宝暦十三年（一七六三）に、賀茂真淵が、村田春郷・春海の兄弟をつれて、京都寺町五条の古本屋でこの写本を発見し、春海に購入させた。同じ門下の楫取魚彦は、いち早くこの新資料を用いる機会を得た。このことは『古言

梯』巻頭の「附ていふ」の中に記されている。

この時に得られた本は、後に「享和本」と呼ばれるもので、享和三年（一八〇三）に陸可言の序文を添えて出版されたものだが、その後さらに安政三年（一八五六）に至って、平安時代の天治元年（一一二四）に法隆寺で書写された、いわゆる「天治本」が世に出て、この方が古形を保っている本であり、「享和本」は、それとは系統の異なったもので、しかも一部分を抄録した本であることが明らかになった。「天治本」によって、仮名遣いの修訂される点も若干はあるが、「享和本」は、幸いにも、和訓の部分が多く抄出された本であったから、仮名遣いの研究には、非常な利益を与えたもので、『和名類聚抄』（九三一〜九三八ごろの成立）よりも二、三十年以前の古文献であり、また、『新撰字鏡』だけにしか見えない古語も多くあって、これによって、『和字正濫鈔』で「未考」としていた語の仮名遣いを決定することの出来たものが、少なくない。林義雄氏は、次のような例を示された。

『正濫鈔』	『古言梯』
費　ついえ　未考　潰をつえとよむに同じくていは音便歟（一ノ一五ウ）	つひゆ　つひえ ［字］ 瘠を豆比由　費（三七オ）
費　ついえ　ついゆ、ついやす（四ノ四ウ）	
泳　をよく　未考得（三ノ四ウ）	およぎ　［字］ 於与支　註、水中を行也　泳（七一オ）

貫　をきのる　未考　（三ノ八オ）
おぎのり　字　乃利　於支　賖　（七三オ）
劫　をひやかす　未考　（三ノ九オ）
おびやす　字　也須　於比　愶又御　（七三オ）

『古言梯』が版を重ねたことは、前にも触れたが、これらの中で、「あいうえお」と「わゐうゑを」の所属が正しく改められた刊本は、『掌中古言梯』（文化五年〈一八〇八〉）が最初であった(1)。これはおそらく、安永五年（一七七六）に刊行された本居宣長の『字音仮字用格《じおんかなづかい》』の中に収められた「おを所属辨」によって、「お」がア行、「を」がワ行に属する仮名であることが明らかにされたのを受けて、この新しい説を取り入れたものと思われる。

それはともあれ、『古言梯』の諸本の中でも、ことに『掌中真言梯』や『袖珍古言梯』のような小型本まで出たのは、この本が、相当に広い読者層を持っていたことを思わせる現象であろう。

さらにまた、市岡猛彦《いちおかたけひこ》は『雅言仮字格《がげんかなづかい》』二巻を文化四年（一八〇七）に、『同拾遺』一巻を文化十一年（一八一四）に刊行したが、これは、本書の増訂本に相当するものであって、前者は、『古言梯』によりながらも、古書の用例は省いて、それに当る漢字や説明だけを記したものである。

このように、『古言梯』はその版を重ねるばかりでなく、その影響を受けた書まで輩出し、契沖の仮名遣いが、世に広まるために、最も中心的な役割を果した書と見てよいであろう。『和字正濫鈔』の場合には、このような啓蒙的著述が一つも現れなかったことを考えると、時代の流れというものを感じさせる現象といえよう。

いろは四十七文字以外の区別

契沖の方針は、古代の仮名の用法に復することを目標として、『古事記』『日本書紀』『万葉集』『和名抄』などを資料として、古代語の仮名書きの用例を集めたのであったが、その際、区別される仮名としては、いろは四十七文字（他に「ん」を加えて四十八文字）という既成観念があった。

ところが、その後、古語の研究が進むにつれて、平安時代中期（十世紀）以前の古書には、ア行のエ（e）の仮名とヤ行のエ（ye）の仮名との用法の区別があることが発見され、さらに、奈良時代（八世紀）には、キケコソトヌ（正しくはノ）ヒヘミメヨロの十二（『古事記』などでは「モ」も加わって十三）の仮名について、語によってそれぞれ二種類の使い分けのあることが明らかにされた。もし、契沖が、この事実を知っていたならば、あるいは、このような区別を、仮名遣いの上に反映すべきだと考えたかも知れない。後に述べるように、ア行のエとヤ行のエとの区別を発見した人は、仮名遣いの上でもそれを区別すべきだと主張したのだが、その論法は、契沖の趣旨から見て、矛盾しないと思われる。

しかし実際問題としては、これらの著述が江戸時代には出版されず、一部の学者の間だけの専門的知識に止まったことや、四十七文字の「いろは歌」が世間に定着していたことなどによって、これらの説は、明治以後になっても、仮名遣いの問題として取り上げられることはほとんどなく、国語学史の一こまとして説かれるだけに止まってしまった。しかし、歴史的仮名遣いとは、本質的に重要な関係のある問題であるから、以下、この点について簡単に触れておくこととしたい。

『仮字用格奥能山路』――「上代特殊仮名遣」の発見

『仮字用格奥能山路《かなづかいおくのやまじ》』（『仮名遣奥山路』）三巻[1]は、遠江国（いまの静岡県）の国学者石塚龍麿《いしづかたつまろ》（一七六四―一八二三）の著である。巻頭に寛政十年（一七九八）稲掛大平の序があるから、それ以前に成立していたと考えられる。草稿は寛政七年（一七九五）ごろ成り、師本居宣長の校閲を経たと見られている。書名に「仮字用格」とはあるが、定家や契沖の仮名遣いとは異なり、上代の文献、『古事記』『日本書紀』『万葉集』の中に使用された万葉仮名を全部集めて、五十音順に配列し、同音の仮名を、この三書ごとに別々に列挙してその実例を示している。そして、「あ」「い」「う」などの項では、末尾に「皆通用」としているが、「き」の部では、

き　古　伎岐吉棄 通用　紀幾貴 通用　濁音 岐藝 通用　疑　紀　枳企耆祇吉己棄伎支岐祁既 通用　気基幾機紀奇 通用

濁音 疑擬 通用　藝嗜儀蟻 通用　万　吉伎企枳棄忌支 通用　紀奇寄綺騎貴 通用　濁音 疑宜義 通用　藝祇 通用

のように、清濁を分ち、さらに二種類に分けて、それぞれ通用すると区別している。この種の仮名が、

え　き　け　こ　そ　と　ぬ　ひ　へ　み　め　よ　ろ

の十三種の仮名について示してある。そして、たとえば「きの部」では、さらに、「紀」「伎」「疑」濁音「藝」濁音の四類に分け、「紀」の類では、紀・幾・貴・奇などを使った語を、音節数の順に、

○き木　○き国名地名　○き城　○きり霧　○きし岸　あき人名又地名　○くき岫

などのように列挙している。

この区別が、どうして行われているのかについては、著者の石塚龍麿はこの書の中では、明言していない。ただ、序言の中で、このような使い分けの事実については、すでに師の宣長が『古事記伝』の中で部分的に触れられており、それによってこの書を編したと述べている。発音の相違に基づくと考えていたように伝えられる節もあるが、確かでない。

この本は、出版されることなく伝えられたため、学者以外にはほとんど知られることもなかったらしい。ただ、この本の末書として、『古言別音鈔《こげんべつおんしょう》』（写本一冊）がある。草鹿砥宣隆《くさかどのぶたか》（一八一八―一八六九）の著で、嘉永二年（一八四九）の八木美穂の序がついている。（近年勉誠社文庫に収めて、写本の影印が刊行された。）

ついでながら、石塚龍麿には、この他に『古言清濁考』三巻の著がある。右の書と同様に、上代文献の所用の万葉仮名に即して、忠実に清濁を区別したもので、寛政六年（一七九四）の序文があり、享和元年（一八〇二）に刊行されている。方法論的に不備な点もあり、批判も受けたが、その実証性は、師宣長からも認められるほど優れたものであった。

江戸時代には、この本の真価は正当に評価されないままに過ぎたが、大正六年十一月、橋本進吉博士が『帝国文学』（第二十三巻第五号）に、「国語仮名遣史上の一発見——石塚龍麿の仮名遣奥山路について」という論文を発表して、橋本博士自身の研究の結果を踏まえ、この書が、上代文献の仮名の用法についての、重要な新事実の発見であることを、学界に顕揚された。そして、さらに、これが単に単語による使い分けではなくして、当時の音韻の相違に基づくものであることを明言された。

橋本博士は、さらに研究を進め、これらの使い分けが、上代の語法や活用等と深い関係にあること、龍麿がヌに二種の区別があるといったのは誤りで、正しくはノに二種の区別があったこと、などを明らかにされた(1)。またこの説を承けて有坂秀世博士は、モについて、『古事記』と『万葉集』の一部に限り、二種の使い分けのあることなどを実証された(2)。

この研究は、上代の日本語の音韻や文法の体系について、従来の説を根本的に見直さなければならないほどの大きな意義を持つものであるが、明治以来の仮名遣いの論議の的には、全く取り上げられることなく過ぎてしまった。ア行のエとヤ行のエとについては、少し論議もあったが(3)、それも、奥村《おくむら》栄実《てるざね》のような実証面ではなく、音義学派といわれる一派の人々の主張であって、国語学的な根拠は薄いものであり、結局、これも区別されずに終り、結果としては、いろは歌による四十七の仮名の区別が主導権を握ることになったわけである。

ただ、考えようによっては、これはさほど単純な問題でない。契沖の立場は、古代の仮名遣いに復するのが目標だったわけで、この方針を徹底させるとすれば、『古事記』で使い分けられていた、エキケコソトノヒヘミメモヨロの十四の仮名まで、仮名遣いとして区別すべきだという論理も、当然成立するのであり、これを徹底させなかったのは、その理念に忠実でなかったということになるかも知れない。

ア行のエとヤ行のエの区別の発見

『古言衣延辨《こげんええべん》』は奥村栄実（一七七二―一八四三）の著で、文政十二年（一八二九）の序文（再版本では跋文）があって、このときに成立したものであるが、刊行されたのは、著者の没後、明治二十四年（一八九一）である。著者奥村栄実は加賀前田藩の家老で、この本は、『古事記』『日本書紀』はもちろん、延喜天暦（九〇一―九五七）のころより以前の文献には、必ずア行のエとヤ行のエとの間に区別があって、誤ることが無かったことを実証し、『古言梯』の所収の語を照合しつつ、五十音順に配列して、各語ごとにその万葉仮名を示し、さらに、この二字は仮名遣いとしても区別して使うべきであるとして、片仮名ではア行に「𛀁」（「衣」の略字）、ヤ行に「エ」を、平仮名ではア行に「え」（「衣」の略）、ヤ行に「𛀁」（「江」の略）を用いて区別すべきであるとしている。また、『和名抄』では、「衣」と「延」とが、多く紛れているのが残念だが、『新撰字鏡』は、明確に区別があるといっている。

また、栄実は、この二字の用法の区別は、古代の発音によるものであることを、相当に明確に意識していたように思われる。実は、この二つの仮名の使い分けについては、前述の石塚龍麿の『仮字用格奥能山路』や、富士谷御杖《ふじたにみつえ》(一七六八―一八二三)の『北辺随筆《きたのべずいひつ》』(文政二年〈一八一九〉刊)にも説かれているが、その全体的・徹底的実証と、音韻の区別によることを論じた点で、この書物の価値は高く評価される。

さらにまた、ア行のイとヤ行のイ、ア行のウとワ行のウとは、古来、仮名の用法にも、発音にも区別がなかったと主張している。これは、現在から見ると、当然の主張であるが、実は、古くは必ずしもそうではなかったようであって、これらに区別があったことを主張する一派もあったのであり[1]、それに対して、栄実は、はっきりと否定して、「衣」と「延」との区別だけが存したことを明言したのである。

『古言衣延辨』は、長いあいだ写本で伝えられただけで、一般には広まらなかったらしい。明治初期に、文部省の教科書などで「歴史的仮名遣い」の体系が確定したが(後述、一三四頁)その折に参画した、榊原芳野《さかきばらよしの》などの人々は、おそらく栄実の説を知らなかったものと思われる。明治二十一年(一八八八)に、高橋富兄は、序文を記し、若干の筆を加えて明治二十四年に出版したが、その後、明治四十年(一九〇七)に至って、大矢透博士は、『古言衣延辨証補』(一名『古言衣延辨補考』)を著し、さらに資料を増補して、栄実の実証を確実なものとした。その際に増加した文献は、次の通りである。

すなわち、ア行のエとヤ行のエとの区別のあるものとして、

上宮聖徳法王帝説　出雲風土記　日本国現報霊異記　新撰字鏡十二巻本（天治本）

など九点を挙げ、混用のある文献として、

和名抄　源順集　医心方

など六点[1]を挙げた。結論として、「衣」と「延」とは、天禄元年（九七〇）ごろにはすでに混同していたとする。そして、延喜以前の語彙集には、この二音を区別すべきであり、またその時代における擬古の歌文を作るものは、この二者を分別して書かねばならぬと論じている。

また、この論証の結果として、二者の区別ある「金剛波若経集験記古点」や、「大唐三蔵玄奘法師表啓古点」などの年代が、従来、必ずしもはっきりしていなかったが、ア行のエとヤ行のエとが区別されていることによって、延喜（九〇一―九二三）以前のものであることが証明されるとし、また、『五音次第』『密宗肝要抄』『仮名遣近道』『天文本和名抄』などの五十音図が、衣・依と江との区別を保っているから、五十音図の原図が成立した折の形を残しているといい、また、空海（七七四―八三五）は、延喜元年（九〇一）より六十七年以前に寂しているから、当然区別があったはずであり、「え」「𛀁」の区別のない「いろは歌」は、空海の時代よりもはるか下った時期の成立であると述べている。

そして、大矢博士も二つのエを区別すべき仮名として、平仮名は「え」と「𛀁」、片仮名は「𛄡」と「エ」とを使用すべきことを主張している。

しかし、この大矢博士の説も、刊行されたのは、昭和七年（一九三二）十二月で、論文集『音声の研究』第五輯に、奥村栄実の『古言衣延辨』の覆刻とともに掲載されて、はじめてその内容が公になったのであった。しかも、この説はごく一部の学者だけにしか知られず、一般社会とは、ほとんど無縁であり、明治以後の歴史的仮名遣いの普及とも、全く無関係であった。しかし、国語の歴史的研究の上からは、不滅の輝かしい業績であったことを、明言しなくてはならない。

江戸時代の世間一般では、歴史的仮名遣いは必ずしも厳密に行われなかった。漢学者の用字などを見ても、契沖の説と合わないものが少なからず見受けられる。その例をいくつか示しておく。

太宰純（春台）（一六八〇―一七四七）は儒学に通じ、経書に詳しくて一家を成し、『倭読要領』三巻を著した（享保十三年〈一七二八〉刊）。この中には、

漸《ヨウヤク》　衣ノヱリ　弊《ツイエ》　竟《ツヰニ》　強《シヰテ》　楫…サホト読ベシ　選…衆ニヱランデト読ベシ　ユヘン　コノユヘニ　卒《ツヰ》ニ

などの例が見える。「ヤウヤク」「エリ」「ツヒエ」「ツヒニ」「シヒテ」「サヲ」「エランデ」「ユヱン」「ユヱ」とあるべきところである。

藤《とう》（藤井）貞幹《ていかん》（一七三二―一七九七）は国学者で考証に長じ、古代の遺品を研究して『好古日録』二冊を著した（寛政七年〈一七九五〉刊）。この中でも、

隼人《ハヰ》　先使ハ古昔所ㇾ謂サイヅカイ也　説東征伝絵縁記《（ママ）》ニ見ヘタリ　此事体源抄ニミヱタリ

などの用例がある。「ハイト」「サイヅカヒ」「ミエ」とあるべきところである。

この他、一般庶民の読物等に至っては、仮名遣いの規定とは無縁のものが多かった。一々例を挙げるいとまもないほどである。

六　字音仮名遣いについての研究

――漢字音研究の仮名遣い説への導入

字音仮名遣いの成立と発展

漢字の字音は、日本語にとっては本来外国語であるところの、中国語としてのよみ方であるが、日本に伝来した時期が、上代から近世に至るまでの長い期間にわたったため、その基になった漢字の字音にも、古い時代と新しい時代によって区別があった。また、地域による差異もあって、中国の南方の音や北方の音などの区別があった。これらの種々の字音が、日本に渡来したが、日本では、以前に輸入した字音を捨てることが少なく、大体はそれを保存した上で、その上にさらに新しく入って来た字音を迎え入れた。このようにして日本の漢字音には、「呉音」「漢音」「唐音」などのような、いわば「重層的」現象が発生したのだが、これは漢字が伝播した中国周辺の諸国では、どこの国にも発生しなかった、日本独特の特異な現象であったようである。そしてまた、この現象のゆえに、国語の中にも種々の複雑な現象が惹き起される結果となったのである。

日本に漢字が伝来したのは、紀元一世紀ごろ以来のことらしいが、古くどのようによまれたのか、資料が乏しくて、ほとんど分らない。六世紀ごろから以後、金石文などのわずかな遺文によって、ある程度推測可能となるが、八世紀（奈良時代）までは、大体推定の範囲を出ない。確実な日本漢字音の資料が現れるのは、九世紀初頭（平安初期）の古訓点資料からである。記紀万葉の奈良時代の字音は、その当時使用された万葉仮名の用法によって、間接的に推定出来るに過ぎない。『万葉集総索引』では「凶問《クモン》」「人生《ニンシヤウ》」など、漢語が呉音よみで掲出されているが、多分、『万葉集』に使用されている万葉仮名の中に、呉音系のものが多いことからの推定であって、同じ奈良時代でも、他方では『日本書紀』のように漢音系の万葉仮名をも使っていた事実があるから、当時、漢音系の「凶問《クヰヨウブン》」「人生《ジンセイ》」などのよみ方がなかったとは言えない。両方とも、どこまでも推測の範囲を出るものではない。

ところで、平安時代に入ると、古訓点資料によって、当時の漢字音のよみ方が、相当程度実証できるようになる。一方、平安時代に書写された和歌、女流日記、物語などの平仮名文献で、漢語を表記した場合を見ると、多くの場合、漢字を使用していて、仮名で書いた例が非常に少ない(1)。その結果、平安時代の平仮名文献による当時の字音の仮名書きの実例は、極めて乏しいということになる。それでも、元永三年（一一二〇）の奥書のある『古今和歌集』、同じ年の奥書を持つ『三宝絵詞』（関戸本、東大寺切）などの中には、字音を仮名で表記した例が大分見えて来る(2)。しかし残念なことに、これらはすべて十二世紀の写本で、『源氏物語絵巻』の詞書と同様に、十世紀までの、ハ行転呼音を起す前の表記の方式とは、相当に変ってしまった状態になっている。『源氏物語絵巻詞書』は、十二世紀前半の書写といわれるが、それでも、それよりわずか百余年以前の原作『源氏物語』の表記を、どの程度忠実に伝えているか、判定は案外困難なのである(1)。

藤原定家が『下官集』を撰したとき、参考として見たという「旧草子」は、多分右と同類のものが多かったのであろう。それは、もはや十世紀以前の、いろは四十七文字を正確に書き分けた時代の様相を保ってはいなかった。『下官集』の中に見られる字音語の仮名書きの例は、

万えふ　繪ゑ　詠ゑい　産穢ゑ　垣下座ゑんかのさ　ものゑんし怨也　にしのたい
鏡たい　天かい　仏たい

など、わずか十余語に過ぎない。

行阿の『仮名文字遣』も、やはり同様な事情で、その語数はいくらか多いけれども、それらに見出される共通の規準は、ほとんど知られない。

和歌を詠むときには、上代の記紀万葉以来、和語、すなわち本来の日本語だけが使用され、漢語（字音語）は使われないという伝統があった。『万葉集』では、四千五百余首の中で、わずかに、「力《りき》士《し》儛」「雙六《すごろく》」「女餓鬼《がくゐ》」「男餓鬼《がくゐ》」「法師《ほふし》等」「檀越《だにをち》」「無何有《むかう》乃郷」「藐狐䠶《はこや》能山」「婆羅門《ばらもに》」「功《くう》」「五《ご》位《ゐ》」など、十余例に過ぎず、それも、巻第十六の一部にかたまって出て来るもので、釈教歌（仏教関係の和歌）や戯れの歌など、特殊な題材に限られている。この風潮は、平安時代になっても引き継がれ、『古今和歌集』をはじめとする八代集、私家集の類などを見ても、和歌本文の中に漢語が用いら

れた例は、ほんの少数に過ぎない。釈教歌とか、物の名をよみ込んで、かけことばとした、いわゆる物名歌などには、たとえば、

我は今朝うひ（「さうび」にかける）にぞ見つる花の色をあだなるものといふべかりけり
（古今集、物名、四三六、紀貫之）

秋近う野はな（「きちかうのはな」にかける）りにけり白露のおける草葉も色かはりゆく
（同、四四〇、紀友則）

のように、「薔薇《さうび》」「桔梗《きちかう》の花」の語をよみ込んでいる。

このような例外を除いて、一般に歌の本文には漢語は用いられなかったが、詞書には、漢語の例も少なくなかった。また、平安末期以降に盛んになって行った歌学の世界では、本来、仏教の学問にも縁の深い学者の活躍が多かったから、当然、漢語の例も多くなった。また、『伊勢物語』『土左日記』『源氏物語』などの日記物語の本文の中でも、数多くはないが漢語が用いられ、その中には、漢字で書かれるものも多かったけれども、一方では仮名で書かれて、そのもとの漢字がはっきりしないようなものさえもあった。たとえば、「ずちなし」「びさうなし」「けさうだつ」など、中世以降語釈の問題点として取り上げられたものも少なくない。

このような流れの中で、定家仮名遣いから契沖仮名遣いへと移って行ったわけで、何れも歌書を中心としたものであって見れば、漢語の比重が軽いのは当然であった。

和語と漢語とを区別しない方針は、定家仮名遣いの流れを引いた諸書の中では、ずっと後まで続いて行ったようだが、契沖の仮名遣いを継承した流れの中では、『古言梯』あたりから、字音を排除して、和語だけに限定する傾向が生じたらしい。その附言の中には、『和名抄』に「夾纈」を「かうけち」、「萱草」を「くわんさう」などの字音を出しているが、皇朝の言でないから採らないと明言しており、また、『古今集』物名の「しをに」（紫苑）、「きちかう」（桔梗）なども、除外している。また、現実の問題として、漢語は、漢字で書かれる場合が大部分で、仮名で書かれることは、さほど多かったとは思われない。しかし、字音の中にも、仮名遣いで問題となるべき「い」「ゐ」「え」「ゑ」「お」「を」が使われているのだから（語中語尾の「は」「ひ」「ふ」「へ」「ほ」については、「法《ハフ》」などの「フ」があるだけで、他の例は字音には現れない）、それらにも仮名遣いが定められて当然であり、しかもそれは、これらの仮名を含むところの、すべての漢字に及ぶべきであるという考えが生じて来るに至った。

もともとわが国では、平安時代以来、漢字の字音研究の伝統があった。それは、九世紀の初めごろ、入唐して、古代インドの言語（悉曇《しったん》）の学問を輸入した僧侶から起った。当初は、仏教の中でも密教の陀羅尼《だらに》（真言ともいう。古代インドのサンスクリット語などを、原音のまま伝えたもので、漢字に音訳したり、古代インドの文字である梵字〈悉曇〉などで記された）の発音の研究から出発したもので、原語の音をいかに正しく忠実に発音するかという目的があったらしい。平安初期の天台宗の円仁《えんにん》・安然《あんねん》などに続いて、平安時代には、天台宗の明覚《めいがく》、真言宗の寛智《かんち》、鎌倉時代には承澄《じょうちょう》、信範《しんぱん》などの音韻学の学僧が現れたが、いずれもこの悉曇の研究を中心としたもので、五十音図やいろは歌なども、これらの学派と深い関係があったと考えられる。江戸時代に入ってからも、浄厳《じょうごん》（一六三九―一七〇二）や飲光《おんこう》（一七〇八―一八〇四）などの悉曇学者が輩出したが、ことに浄厳は契沖の師として悉曇の学問を伝授し、契沖は『和字正濫鈔』の中にも、この研究成果を大いに活用しており、特にその巻頭の部分などは、悉曇学に基づいた解説を多く記しているほどである。

江戸時代の中ごろ、文雄《もんのう》（一七〇〇―一七六三）という学僧があった。丹波国（いまの京都府）の出身で、京都で出家して後、江戸に出て太宰春台《だざいしゅんだい》から中国音を学び、その知識に基づいて『韻鏡《いんきょう》』を研究した。『韻鏡』というのは、漢字の音韻の一覧図表ともいうべきもので、中国の唐の末、または五代のころ（十世紀）に著されたといわれ、漢字を、その韻の種類によって分類して四十三枚の図表とし、各図ごとに同じ声母（頭子音）を、同じ縦の二十三の列に配列し、横に十六の段を設けて、四声（平声・上声・去声・入声）と韻によって、漢字を配置したものである。その基になったのは『切《せつ》韻《いん》』系統の韻書といわれ、日本に伝来したのは鎌倉時代のころのようで、鎌倉時代末期の写本が現存しており、以後多くの刊本が刊行された。鎌倉時代の学僧、明了房信範《みょうりょうぼうしんぱん》（一二二三―一二九六又は一二九七）は、『韻鏡』を読解研究した最初の学者であったが、その後の時代になると、この本の持つ真の意味が十分に理解されず、漢字の反切（「東」は「徳紅反」というように、漢字二字を使用し、上の字の頭子音と下の字の韻とを合わせて字音を示す方法）のための書であると考えられ、中には姓名判断に使用されたことさえもあったという。

文雄は、この『韻鏡』を研究し、中国語音の知識によって、これが反切のための書ではなく、漢字の音韻の図であることを改めて明らかにした。その著『磨光韻鏡《まこういんきよう》』二巻は、延享元年（一七四四）の刊行で、従前の『韻鏡』よりも収録の漢字を増加し、各字に漢音・呉音・華音（唐音）を片仮名で書き加えた。これ以前にも若干の『韻鏡』研究はあったが、『磨光韻鏡』は、後の研究者に大きな影響を与えた。それらの中で、まず特筆すべきは、本居宣長（一七三〇—一八〇一）の『字音仮字用格』である。

『字音仮字用格』

『字音仮字用格《じおんかなづかい》』（もじごゑのかなづかひ）一冊は、本居宣長の著である。安永四年（一七七五）正月の自序があり、翌安永五年正月に刊行されている。そして後に、寛政十一年（一七九九）、天保十三年（一八四二）などに版を重ねている。

巻頭の言に、漢字音に漢音・呉音の二種があり、さらに、近世に伝わった唐音というものがあるが、唐音は古来の伝えでないからこれをさしおいて、漢呉二音のことについて論ずるといい、契沖の『和字正濫鈔』によって古代の仮名が明らかにされたことを賞揚し、その後これを承けた『古言梯』などを挙げて、古言の仮名遣いは遺漏なくなったが、字音の仮名遣いはまだ詳しくなくて、ことに喉音《こうおん》三行（ア行・ヤ行・ワ行）の仮名は明らかでないから、この点から弁じ始めるとして、「喉音三行辨」を述べ、次に「おを所属辨」「字音仮字総論」と続いて、次に具体的に仮名遣いの上で問題となる項目を列挙し、各字音ごとにそれに所属する漢字を示している。その項目は次のようである。

○いゐ之仮字　い・ゐ・いう・いゆう・いゆ・いふ・いやう・いよう・いむ・ゐむ・いく・いつ・ゐつ・ゐき・いや・いやく・いよ・いよく

○えゑ之仮字　え・ゑ・えう・えふ・えい・ゑい・えむ・ゑむ・えつ・ゑつ・えき

○おを之仮字附あわ　お・を・おう・をう・あう・わう・あふ・おむ・をむ・おく・をく・おつ・をつ

○か行之仮字　きう・きふ・かう・こう・くわう・かふ・こふ・きやう・きよう・けう・けふ

（中略）

○濁音じぢずづ之仮字　じ・ぢ・じや・ぢや・ぢゆ・じゆ・じよ・ぢよ・じむ・ぢむ・じゆむ・ぢゆむ・じく・ぢく・じやく・ぢやく・じゆく・ぢゆく・じよく・ぢよく・じつ・ぢつ・じゆつ・ぢゆつ・じき・ぢき・ず・づ・ずゐ・づゐ

○韻ノいゐ之仮字　い（あい　えい　かい　けい　さい　せい　たい　てい　ない　ねい　はい　へい　よい　らい　れい　わい　ゑい　くわい）　ゐ（くゐ　すゐ　つゐ　ゆゐ　るゐ　うゐ）

○下中ノわ之仮字　わ（くわ　くわう　くわい　くわん　くわく　くわつ）

そして最後に「韻ノむ之仮字」と題して、撥音の韻の仮名について述べ、開口音の字には「ん」を書き、合口音の字には「む」を書くべしとする説を排斥し、すべて「む」と書くべしと述べている（この点は、この後、天明五年〈一七八五〉に刊行された『漢字三音考』においても詳しく説かれている）。宣長は国粋主義者であった。『字音仮字用格』の序を見ると、漢字音は鄙俚な音で、古代には全く用いなかったが、時代が下るにつれて次第に広まり、雅言の中にも交るようになって、いまでは言葉の半分までこの字音を使うようになってしまったから、さすがにこの仮名遣いも知らなければならないのに、まだはっきりそれを説いた書がないので、この書を著したと述べている。

この本は、全体でわずか五十四丁の一冊の本ではあるが、漢字の字音の中、漢音・呉音について、その仮名遣いを、全体的、体系的に論じた著述として、注目すべきものである。

本書の中で、国語学史上、最も注目されているのは、「おを所属辨」の論であろう。それまで、アイウエヲ、ワヰウヱオのように、ヲはア行、オはワ行と考えられていたのを改めて、アイウエオ、ワヰウヱヲが正しいことを、はじめて論定した。その典拠として使用したのは、古代国語の音通の例、郡郷の地名の宝飫《ホオ》・噌唹《ソオ》などの長音表記の例、古代の和歌の字余りの例、さらに天暦以前の古書に用いた万葉仮名の字音を右のように解するときは、すべて韻書の旨に符号すること、などを述べ、これが以後の学界の定説となった。この業績は、国語学史の上で、特に大きく評価されている。

また、注目すべきは、この書においては、字音の仮名遣いの典拠として、出来る限り古代の国書の万葉仮名の用例を集め、それを『韻鏡』と結びつけて考えたことである。契沖なども、字音に関して古書を引用した例のあることは上にも述べたが、字音体系としての研究には及んでいなかったのである。

本書の中心課題は、和語の仮名遣いではなく、漢字音について、その中で、仮名遣いの上で問題となるものを網羅して、全体的にこれを論定したものである。この中で取り上げられた要目は、漢字音のすべてではなく、「い」「ゐ」「え」「ゑ」「お」「を」を含むもの、開合（「あう」「おう」の類）に関するもの、韻尾の「う」と入声韻尾の「ふ」、「じ」「ぢ」「ず」「づ」に関係したものだけに限られている。しかし、その範囲の中でも、

㈠『韻鏡』は漢音を示すものであって、呉音には必ずしも相当しない。

㈡論拠として、本邦の古書の用法を第一に優先して拠るべきである。

など、鋭い観察の結果を述べている。そしてその補完的な援用資料として、韻書の反切や『韻鏡』などを使用している。

これはまことに正統的な説であって、今日でもこの原理は学界に通用している。宣長が、日本の古書に拠ると言うのは、具体的には、記紀万葉や『新撰字鏡』『和名抄』などを中心とした万葉仮名であって、稀な例ではあるが、『和名抄』の「夾纈」を「加宇介知《カウケチ》」、「陰陽」を「於牟夜宇《オムヤウ》」などとある仮名表記によって、「夾」「陰」などの字音の仮名遣いを定めようとしているのは、まさに正統的で

ある。しかし、このような古例だけで証明できるものは、ほんの少数に過ぎないのであって、日本の古書に拠ると言いながら、それ以外は、『広韻』『玉篇』などの反切や、『韻鏡』などを使用している。しかし、それは止むを得ないことであった。

「きよう」（鍾韻の「共」「凶」など、蒸韻の「興」「凝」など）と「けう」（肴韻の「交」「教」など、宵韻の「喬」「橋」など、蕭韻の「堯」「叫」など）との区別を、韻の別によって明確化したことなどは、注目される業績の一つであるし、入声字の末尾を「あふ」（「押」「凹」など）、「けふ」（「協」「夾」など）のように、「―ふ」と確定したことも、注目される事柄である。

しかし一方、宣長の説の中にも、いくつかの問題点があった。その最大のものは、撥音尾をすべて「いむ」（因・殷・音・飲）、「えむ」（煙・宴・塩・炎）のように「―む」と記して、「いん」「えん」のように「ん」を使用するのを誤りとしたことである。宣長は、『漢字三音考』の中で、「ン」の音は不正の音であるとしており、このような先入観によって、撥音尾もすべて「ム」（または「ウ」）と書くべきことを主張したのであろう。なお、文雄の『磨光韻鏡』では、n尾もm尾も一様に「因《イン》」「音《イン》」のように、ンで表記していた。

中国語の音韻の歴史で見ると、華北の地域でも、十二世紀のころまでは、-nと-mとの区別が行われており、華南の地域では、現在でもその区別が存続している。日本でも大体十三世紀ごろ（鎌倉時代初期）まで、漢字音の「―ン」と「―ム」の区別が、一般的に行われていたことは、国語史の研究によって明らかになっているところである。(1) 宣長が、古代の音を標準にしようとした以上、この二類を同一視したことは、大きな誤りであったことは認めざるを得ない。

しかし、何故にこのような結論に帰着したのであろうか。その原因は、おそらく、いろは四十七文字の中に本来「ん」が含まれていないことに発するのであろう（「ん」が最後に加えられたのは、比較的後世のことで、多分、江戸時代に入ってからのことであろう）。

そして、この伝統は、宣長ばかりでなく、「歴史的仮名遣い」の根幹として、根強く、現在まで生き続けていることを理解しなければならない。宣長のこの研究に次いで、多くの音韻研究のすぐれた成果が生れ出たにも拘わらず、それが「字音仮名遣い」として、和語の仮名遣いとは別途に扱われ、契沖の本旨に添った形のままには、必ずしも受け継がれて来ていないという事実も、これを反映すると思われるのである。

もう一つの問題は「韻ノいゐ之仮字」の項の中で、「くゐ　すゐ　つゐ　ゆゐ　るゐ　うゐ」を挙げたことである。支韻・脂韻・微韻等の拗音として挙げたもので、具体的には、直前の項に「ずゐ」の例として「隋随髄瑞蘂」を挙げている。これは、理論的な推定の結論であって、古例では「クヰ」の例はあるが、他はすべて「スイ」「ツイ」「ユイ」「ルイ」等であり（ウヰまたはウイの例は未だ発見されていない）、現に宣長は、『和名抄』の「鎚子《ハ》此《ノ》間《ノ》俗《ニ》云㆓都《ツ》以《イ》之《シト》㆒」の例を引用していながら、これを誤りとして斥けている。契沖も「―い」を採用していたことは前述の通りで、『磨光韻鏡』でも

「鎚《ツイ》」「吹《スイ》」等「―イ」を採っているのに、宣長は「―ヰ」を正しいとした。これは、すでに文雄の『和字大観抄』に存した説なのだが、宣長の説が学界に及ぼした影響は大きかったであろう。この後、『漢呉音図』『音韻仮字用例』など、いずれもこの説を襲用して、現代に至った。大正時代以後、この「ヰ」説を非とし、「イ」を正しいとする説が起ったことは、後に述べる通りである。

この他、『字音仮字用格』の中には、東韻・鍾韻・虞韻等に属する、「衆」「中」「従」「重」「主」「注」などを「しゅう」「ちゅう」などとする説がある。これも、古来、多く「しう」「ちう」とあったもので、契沖などは、古例に従っているが、宣長に至って、この音形を主張した。もっとも、『和名抄』の「乳酪　和名邇宇能可遊《ニウノカユ》」を引いて、虞韻の「乳」をニウと記した古例もあって、この例も悪くはないであろうと、歯切れの悪い説明をしている。しかし、この説も、『漢呉音図』以降に引き継がれ、ごく最近になって、学界の批判が生ずるまで、一般に正しいと考えられて来た。

『字音仮字用格』の中の他の部分は、国語史の上で取り上げられることは、あまり多くない。ア行の仮名とワ行の仮名とを、すべて『韻鏡』の開合の区別と結びつけ、例えば『韻鏡』の第四転が「開合」であるのを誤りとして、「開」が正しいとするような、武断的な論を展開したり、ヤ行とワ行とを、「拗音」としたり、また、陽韻（陽・羊など）を「いやう」「やう」両形、鍾韻（用・容など）を「いよう」「よう」両形を認めたりするように、後代の学者の合意を得られなかった点も多い。しかし宣長は、この他にも、『漢字三音考』（天明五年〈一七八五〉）や『地名字音転用例』（寛政十二年〈一八〇〇〉などを著し、字音の仮名遣いに関する古例を検討して、字音仮名遣い研究の基礎を固めたと見てよいであろう。

漢呉音図

『漢呉音図』は、太田全斎（太田方）（一七五九—一八二九）の著である。備後福山藩の家臣で、師弟関係はよく分らないが、山本北山の教を受けたともいわれ、義門・岡本保孝などの学者と親交があり、漢学の素養が深かったようである。『漢呉音図』は、音韻学方面における彼の主著で、文化十二年（一八一五）の著者の序がある。刊年は明らかでないが、二次の改訂を行っており、内容上、相当の改変が行われている。全三巻三冊から成り、巻上は『漢呉音図』と題する音図で、『韻鏡』の体裁を具え、各漢字ごとに漢音と呉音とを、片仮名で注した。漢音に「原音」「次音」、呉音に「原音」「次音」「又次音」の別を立てている。巻中は『漢呉音徴』で、『韻鏡』の図の順に従って本邦の古書や、漢籍、韻書、さらに仏書などに至る諸書を博捜して、自説を記している。第三巻は、『漢呉音図説』で、漢字音の総論に始まり、「一音有三等母韻」「平仄出入并図起源」など、十項目を挙げて、各論を展開している。

これら全斎の説の内で注目されるのは、一つには、ア行のイ（伊）とヤ行のイ（以）、ア行のウ（傴）とワ行のウ（于）、ア行のエ（衣）とヤ行のエ（叡）とが、漢字音として別音であることを主張したことである。このことは、すでに泰山蔚の『音韻断』（寛政十一年〈一七九九〉）によって指摘されていたところで、「偃」については後に義門によって誤りを訂正されたものとされる。後に、古代の国語のア行のエとヤ行のエとの区別のあることが明らかにされたが、その直接の端緒となったか否かは明らかでないものの、何等かの示唆を与えたかも知れない。

第二の点は、撥音の仮名に三種の区別のあることを明示したことである。上述のように、宣長は、撥音としてムとウとの二つだけしか認めていなかったわけであるが、全斎は、『漢呉音図説』の中で次のような表を示してウ・ヌ・ムの三種があり、それが、それぞれ入声音のクキ・ツチ・フに対応することを明らかにした。

撥仮字三内		
右	中ン	左
ウ—東冬江陽唐庚耕清青蒸	ヌ—真諄臻文欣之元魂寒桓刪山	ム—侵覃談塩添厳咸銜凡 上去倣之
入声三内		
クキ	ツチ	フ
五韻三内		
アカヤ喉	サタラナ舌	ハマワ脣

右の「東」「真」「侵」などは韻図に示された韻の名称で、韻図の中でも「東《トウ》《ツウ》」「真《シヌ》《シニ》」「侵《シム》《ソム》」のように仮名付けをしている。右傍が漢音（次音）、左傍が呉音（次音）であるが、この中、n尾（真韻の類）については、漢音ヌ、呉音ニとしていることが目立つ。これは、讃岐《サヌキ》・薫衣香《クヌエ》・丹波《タニ》・乙訓《クニ》など、上代の地名等の例に基づいて定めたもののようであるが、この方法自体に問題はあるものの、これが後

の堀秀成の『傭字例』や東条義門の『男信』で、n尾とm尾との区別が明確に説かれる基になったものと見られる。

『男信』

『男信《なましな》』三巻は、僧（東条）義門（一七八六—一八四三）の著であって、初稿が成ったのは、文化五年（一八〇八）であるが、刊行されたのは、天保十三年（一八四二）三月である。

漢字音で撥音尾を有するものの中には、唇音尾（-m）と舌音尾（-n）との区別があるが、義門は、本邦の古書の中で、その両者が正しく区別されていたことを証明し、それによって、字音仮名遣いにおいても、アン（安・鞍・按など）とアム（諳・闇・庵など）、コン（根・懇・昆など）とコム（金・今・衿など）、シン（真・震・親など）とシム（針・森・心など）とは、互いに区別すべきであると述べている。

書名の「男信」というのは、上野国（いまの群馬県）利根郡の郷名で、古代に地名を二字の漢字で表記したときに、「ナマ」を表すのに唇内撥音尾（-m）の字である「男」（ナム）を転用し、「シナ」を表すのに舌内撥音尾（-n）の字である「信」（シン）を転用した。この際に撥音尾音はマミムメモに、舌内撥音尾音は、ナニヌネノおよびラリルレロに使用されて、互いに混用のないことを明証したのである。

義門は、浄土真宗の僧で、高倉学寮に参じて、ある学僧から、「信心」という言葉につき、「信」は「シン」、「心」は「シム」であって、互いに混用することがないことを教えられたが、本居宣長の『字音仮字用格』に、この二者は差別あるべき由なく、「む」「ん」は通用すべきであると論じていることを批判して、この書を著したのだという。

このm, nの区別については、現代の国語史研究において、義門の取り上げた上代の万葉仮名の例、韻書の例などに加えて、平安時代の古訓点資料においても、十三世紀の初めごろまでは、一般に区別があったことは前に述べた通りである。だから歴史的仮名遣いの規準とされている延喜天暦ごろの年代（十世紀前半）においては、当然この両者の区別は存したのであって、この区別は、単に字音ばかりでなく、和語においても音便の表記、例えば「ツミテ」からの音便形「ツムテ」と、「ナリヌ」からの音便形「ナンヌ」とが、表記上区別され、その区別は平安時代の末ごろまで存在したことが明らかにされている(1)。

歴史的仮名遣いの原則からいえば、和語の場合も、字音の場合も、ンとムとは書き分けるのが筋である。しかし、これが実現するに至らないままになってしまったのは、この義門の説が、十分に世間に広まらなかったこと、ことに和語の場合にもこの両者の区別のあったことが、学界に周知されたのは、つい最近、昭和三十年代に至ってからであったというような事情が、からみ合っているからであろう。

『音韻仮字用例』

『音韻仮字用例《おんいんかなづかい》』三冊は、白井寛蔭《しらいひろかげ》の著であって、専ら漢字音の仮名遣いについて論じた書である。万延元年（一八六〇）七月の藤原（黒川）春村の序を附す。「下」の巻末には万延元年の刊記があるが、実際に刊行されたのは、おそらくそれよりも少し後のことであろうという。

著者の白井寛蔭は、黒川春村（一七九八―一八六六）の門弟で、本書は第一冊が本篇、第二冊が「附説上」、第三冊が「附説下」となっている。

この書の内容の中心は「上」冊にある。表紙見返の広告文によれば、『字音仮字用格』はわずかに一千七百余字を挙げたに過ぎないのに対し、本書は一万一千二百余字を載せているという。読書等によって字を集めたもので、実際にはあまり見かけない、辞書だけにしか見えないような文字を多数挙げている。また、ア行のイを「い」、ヤ行のイを「𛀆」、あ行のエを「え」、ヤ行のエを「𛀁」と区別して示している。附説においては、「撥る韻の仮字の事」「同んむの仮字の事」など、合計七十二項目につき、『字音仮字用格』について問題となる点に触れ、全斎や義門の説にも及んでいる。

一般に本書は独創性に乏しいとの批判が多いようであるが、『字音仮字用格』を基にして、その後の研究を加味し、該当の文字を増加した点、仮名遣いとして「いん」（欣韻の殷・隠、真韻の因・印など）と「いむ」（侵韻の音・飲など）、「えん」（仙韻の焉・堰など）と「えむ」（塩韻の炎・奄、咸韻の黯など）との区別を明示したことは、注目されるところである。

しかし他方、一様に豪（皓・号）韻（号・早など）を漢音アウ・呉音オウ、陽（養・漾）韻（強・昌など）を漢音イヤウ・呉音イヨウとしたのは誤りであった（前者は『漢呉音図』の説によるか）。また、うゐ・くゐ・すゐ・つゐ・ぬゐ・ふゐ・むゐ・ゆゐ・るゐ等とするのも、宣長・全斎の説を祖述したところであった。

すでに指摘されている通り、本書は、江戸時代の字音仮名遣い研究の、いわば、一往の集大成の書であって、この本で初めて説かれたところはさほど多いわけではない。

この書が、この後、どの程度流布したかについては、未だ十分に知られていないが、明治以後の漢和辞書では、多くこの書に基づいた漢字音が、登録されて行ったものと思われる。ただ「ん」と「む」との区別については、全斎、義門以来の主張があったにもかかわらず、一般に行われず、一律に「ん」として通用することになった。これは、一面から見れば、宣長時代のレベルに逆行し退化したものであって、ア行のイ・エとヤ行のイ・エ、ア行のウとワ行のウのように、いろは歌に区別のない仮名の場合とは、少々事情が異なるのであり（もっとも「ン」がいろは歌に本来存しなかったこともあるが）、問題となる点である。n尾の真韻や仙韻は臻摂・山摂、m尾の侵韻や塩韻は深摂・咸摂として区別されており、漢詩の詩作の場合には、現代に至るまで区別が保たれているわけだから、字音仮名遣いでンとムと書き分けることは、それほど無理な事柄とは思われないのに、何故か、明治以後の漢和辞書では、この種の区別をしたものは、ほとんどなかったのである。

七　明治時代以後の仮名遣い
——歴史的仮名遣いの飛躍的普及

明治以後の仮名遣い

明治維新を迎えて、政府は中央集権による強力な施策を推進した。法典を作成整備し、また、明治五年（一八七二）には学制を公布して、大学・中学校・小学校の制度を樹立した。その後、若干の変更があったが、次第に整備を進め、全国津々浦々に至るまで小学校が設置され、就学人口が増加した。明治十九年（一八八六）には、小学校・中学校・師範学校の教科書を検定とし、ついで明治三十七年（一九〇四）度からは、国定教科書の採用となった。この過程の中で、政府は当初から、歴史的仮名遣いを使用した。この間の事情については、古田東朔氏の詳細な研究がある。その推進者については、従前は物集高見《もずめたかみ》（一八四八—一九二九）であったかといわれていたが、古田氏は、種々の根拠により、榊原芳野《さかきばらよしの》あたりであったろうと推定されている(1)。

榊原芳野（一八三三—一八八一）は、江戸に生れ、深川元儁・伊能頴則の門に学んだ。明治の初め大学に仕え、後、文部省に遷った。博覧多識で国典に詳しく、『文藝類纂』八巻をはじめ、小学読本八巻その他の著がある。[1] 師の伊能穎則は平田篤胤・高田与清の門下であり、国学の流れを承けた人であって、歴史的仮名遣いを遵奉したのは当然であろう。

古田氏の研究によると、文部省編の『小学教科書』が、明治六年（一八七三）五月に刊行され、その後、次々と数種の教科書が公にされた。当初の教科書編集主任は、田中義庸であって、右の明治六年版のものは、田中またはその周辺の洋学者の意見が反映していたと考えられている。この中で、すでに、

イ　糸　犬　錨（いかり）

ヰ　井　豕（ゐのこ）　龍盤魚（ゐもり）

ヒ　貝　盥（たらひ）　篩（ふるひ）

など、歴史的仮名遣いが採用されている。

次に出た文部省編『小学入門甲号』（明治七年十月）は、榊原芳野や那珂通高など、国学者か、またはそれと意見を同じくする人々によって編纂されたものと見られる。この本も「イ」の部に、「櫂《かい》」「燭台《しよくだい》」「笄《かうがい》」、「ヒ」の部に「貝《かひ》」「盥《たらひ》」「篩《ふるひ》」など、歴史的仮名遣いに適合した語を挙げているが、語全体の仮名書きの例は示していない。ところが、同じ月に刊行された、同じ書名の文部省編『小学入門甲号』があって、これは木石町十軒店鈴木喜右衛門他三名の刊記を有するもので「民間版」と称せられているが、この方では、

イ　櫂《カイ》《タク》　燭台《ショクダイ》　笄《カフガイ》《ケイ》

ヒ　貝《カヒ》《バイ》　盥《タラヒ》《クワン》　篩《フルヒ》《シ》

ヰ　鳥居《トリヰ》　莞《ヰ》《クワン》　紫陽花《アジサヰ》《シヨウクワ》

等と、片仮名の振仮名を加えてあって、語全体を仮名書きとしている。以下「エ」「ヱ」「ヘ」「ワ」「ハ」「オ」「ヲ」「ホ」「ジ」「ヂ」「ズ」「ヅ」のような項目を立てて歴史的仮名遣いを使用している。もっとも、「カフガイ」「アジサヰ」「シヨウクワ」（正しくは「カウガイ」「アヂサヰ」「シヤウクワ」）のような誤りもあり、いささか杜撰の感を免れない。

また、文部省編の『小学読本』では、初版には刊記がないが、明治六年六月の榊原芳野の例言があり、榊原芳野・那珂通高・稲垣千頴らによって編集された（再版は見返しに明治七年五月とあり、例言の日付は明治七年七月となっている）。その巻一は、いろは順に項目を挙げ、第一音節にその文字を含む語を示して説明しているが、その内容は、

㋑家（いへ）　㋾囮（をとり）　ゐ藺（ゐ）　㋔大砲（おほづつ）　㋓荏（え）　ゑ槐（ゑんじゆ）

㋑稲（イネ）　㋓蝦（エビ）　㋔慈姑（オモダカ）　ヰ猪（ヰ）　ヱ豌豆（ヱンドウ）　㋾桶（ヲケ）

のように歴史的仮名遣いに拠っており、巻之二以下でも、本文中にも、

いふ　向ひ　小父《ヲチ》小母《ヲハ》　横たへたるを　揖《カイ》　用ゐる

のように、歴史的仮名遣いを使用している。

この『小学読本』の例言の中に、

五十音韻中也行のイエ和行のウは、皇国古より別用せず、故にこれを省く。

といっているが、実は、これ以前に、音義派（仮名一字ごとに一定の意味があると説く学説の一派）などで、五十音図を根拠として、ア行のイとヤ行のイ、ア行のエとヤ行のエ、ア行のウとワ行のウの三つの仮名を区別すべしとする主張があった。榊原芳野はこれを排斥して、それぞれ一字として区別しない方針を立てたのだが、この段階に至って、「歴史的仮名遣い」において区別すべき仮名が四十七（「ん」を含めて四十八）と確定したものと、古田氏は判断されている。

明治十一年一月、榊原芳野の著『文藝類纂』八冊が、文部省から刊行された。その中では、仮字、伊呂波、五十音などについて述べているが、仮名遣いのことについては、触れられていない。大体この本は、文部省の発行で、当時の文教政策の中心とする意味があったとも見られるが、江戸時代末期の仮名音韻研究の成果、例えば『古言衣延辨』や『仮字用格奥能山路』などは取り入れられていない。これらの書は、写本だけで、刊行されなかったものだから、仕方ないとはいえ、「万葉集に至りても四十七音判然として」などと言っているのは、当時としても学界の最高水準を述べたものとは言い難い。しかし前述のように、榊原芳野は小学国語読本の編纂にも参画しており、このような考え方によって「歴史的仮名遣い」の基礎が築かれたと見るべきであろう。

このような官製の教科書と並んで、江戸時代以来の伝統的な民間の書簡文例集のようなものがあった。古くは「往来物《おうらいもの》」と呼ばれたが、明治時代になっても、この種の出版物は相当に広く行われていたらしい。たまたま手許に、岸野武司・村田巧著『新撰公私用文』という木版本がある。明治十四年五月の序文があり、漢文に少しばかり仮名を交えた候文の書簡が示されているが、漢字に振り仮名が施されている。その仮名遣いは、次に示すように、歴史的仮名遣いに合わないものが多い。

仝復《ヲナジクフク》　寒中見舞《カンチウミマイ》　閉籠居《トヂコモリオリ》　御安泰《アンタイ》之　趣《ヲモムキ》　不取敢《ズトリアヱ》　其故《ソレユヘ》　幸《サヒハイ》ニ　御承知《シヤウチ》之通《トヲリ》　御催《モヨフシ》

字音仮名遣いに至っては、誤りの方が多い。

本懐《ホンクハイ》　昇堂《シヨウドウ》　寸徴《スンチヤウ》　答礼《トウレイ》　多忙《タボウ》　従事《ヂウジ》　鶯《ヲウ》花　早々《ソウ、、》　紅葉《コウヤウ》

これらは候文体だから、実際の手紙にこのような振仮名があったわけではなかろうが、当時一般の人々の、仮名遣いに対する無頓着な状態の一端を見ることは出来よう。

教科書と並んで、歴史的仮名遣いの普及に大きな役割を果したのは、辞書であった。明治時代には、多数の辞書が編纂刊行されたが、その中で、ことに世間に大きな影響を及ぼしたと思われる二つの辞書、『和英語林集成』と『言海』とについて、少し述べて見よう。

『和英語林集成』

米国人ヘボン（J. C. Hepburn）の編纂した『和英語林集成』一冊は、慶応三年（一八六七）に初版が出版され、改正増補を重ねて、明治十九年（一八八六）に第三版が出版された。当時の国語の語彙

を周到に集めた辞書として、国語研究の上で、重要な資料とされているものである。[1]

この辞書の第三版で採用された見出し語のローマ字綴りは、後にヘボン式といわれて広く行われる、その基になったものとしても、有名であるが、この版の見出し語の体裁を見ると、

OTOKO　ヲトコ　男

SHITAGAI, -AU　シタガフ　従

E　ヱ　餌

のように、片仮名と漢字とが併記されている。この片仮名の仮名遣いを見ると、大体は歴史的仮名遣いに従っており、和語ばかりでなく、字音語についても、

SŌCHŌ　サウテウ　早朝

KYŌKWAI　ケウクワイ　教会

SHŌ-RUI　シヤウルヰ　生類

のように、字音仮名遣いを正しく使った例が多い。しかし、全部が正用とは行かず、

ONNAZANMAI　オンナサンマイ　女三昧（ヲが正しい）

ONOWARAWA　オノワラハ　男童（ヲが正しい）

ESA　エサ　餌（ヱが正しい）

ERU　エル　彫（ヱが正しい）

KYŌSHA　キヨウシヤ　香車（キヤウが正しい）

KYŌTO　キヤウト　凶徒（キヨウが正しい）

KŌYEN　コウエン　公園（ヱンが正しい）

など、仮名遣いの誤りが目立つ。「ルヰ」「スヰ」などの類を採用しているのは、おそらく、白井寛蔭の『音韻仮字用例』などを参照したのだろうが、それ以外にも時々誤りが交っているのは、何に基づくのか、まだはっきりしない。

この辞書は、標準的な和英・英和辞書として、この後も版を重ね、広く行われたものだから、明治十九年当時の、歴史的仮名遣いの普及の状態が、これによって、ある程度見当がつくといえよう。

この辞書は、凡例にイロハと五十音図とがあるが、イロハは、

イ i …… ヲ wo …… ヰ i …… オ o …… エ e …… ヱ ye ……

のようになっており、また、五十音図は

ア a　ヤ ya　ワ wa

イ i　イ i　ヰ i

ウ u　ユ yu　ウ u

エ e　ヱ ye　エ e

オ o　ヨ yo　ヲ o

となっていて、彼此非常に不統一である。やはり、歴史的仮名遣いについては、多くの部分については正しい形を採用したけれども、未だ徹底するに至らなかったと見るべきではなかろうか。

『言海』

明治二十四年（一八九一）四月、大槻文彦は『言海』四冊を完成刊行した。見出し語はすべて歴史的仮名遣いで統一され、しかもその語頭は、徹底的な五十音順であった。

この本はもと、文部省で編纂を始めた「語彙」が、アイウエの部だけで明治十四年に中断した。その未完成の原稿が大槻文彦に下賜され、それを基にして、独力で苦心経営の結果、完成したのが『言海』四冊であるが、近代的体裁を整備し、しかも非常にすぐれた周到な内容を持つ辞書として、世に迎えられ、この後の国語辞書の一つの模範となった。

『言海』は明治三十七年に縮刷版が刊行されたが、多数の版を重ね、広く行われて、標準的な国語辞典となった。歴史的仮名遣いが普及したのは、教科書などの力が強かったであろうが、このような標準的な辞書が、世間一般に及ぼした影響は、それに劣らず大きかったと思われる。

この後作られた国語辞典は、歴史的仮名遣いを見出しとしたものが多い。『大日本国語辞典』（本体は大正四年〈一九一五〉—八年〈一九一九〉刊）、『言海』の原稿を整備して、大槻文彦の死後に完成した『大言海』など、戦前の国語大辞典ではいずれも、見出し語の順序は歴史的仮名遣いによっている。

しかし一方では、歴史的仮名遣いは、発音とすぐに結び付かないことが多く、ことに字音仮名遣いでは、例えば、コオという音に対して、カウ（高）・カフ（甲）・クワウ（広）・コウ（叩）・コフ（劫）など、多くの異った漢字があり、これを区別して辞書を引くのは不便な面もあった。それで、一方では発音式に近い配列の辞書も出版された。

一方、明治初期における文芸作品などを見ると、まだ江戸時代の名残が強く残っており、仮名遣いについても、歴史的仮名遣いとはおよそ縁遠いものが多かった。

仮名垣魯文の『万国航海西洋道中膝栗毛』（初篇は明治三年〈一八七〇〉刊）を見ると、[1]

ほんとうにするとかなんとか　お寺《てら》じやアあるめへし　ぶちこわしたから　どふかしてゐるのか
寝《ね》つ起《をき》つ　間違《まちげ》へられて面《つら》をかぢられて　折《おり》は違《ちげ》へねへぜ　蒸気船《じやうきせん》　西洋《せいよう》　序《ぢよ》すると　桃李一編《とうりいつぺん》
光陰《くはういん》　当時《とうじ》

など、和語・字音にわたって、全く恣意的である。

同じく文芸物で、東海散士篇の『佳人之奇遇』（初版本は明治十八年〈一八八五〉—二十四年〈一八九一〉刊）を見ると、[2]

力支《ささ》ユル能ハズ　況ヤ紳縉貴公子ニ於テオヤ　品ハ貴冑ニ超ヘ　民政ヲ希フテ已マズト
覚ヘズ髪竪チ涙下リ　一犬虚ヲ吠ヘテ万犬実伝ヒ　毒ハ永野ノ蛇ニ逾ヘ

のような状態である。この作品は、全体として漢文的色彩の強い文体で書かれている。

国立国語研究所の調査で、明治十年（一八七七）十一月から翌十一年十月までの『郵便報知新聞』の記事の分析を行った結果が公刊されているが(1)、その中では、

覚へ　越へ　絶へ　見へ

のように、ヤ行下二段活用の動詞の活用語尾を「へ」と書いたもの（歴史的仮名遣いでは「え」とあるべきもの）が多く見られ、この四語で九十二例があるという。また、

逢フテ　云フテ　追フテ　負フテ
同フシ　少フシ　無フシ　全フシ

のように「ウ」と書くべきところを「フ」と書いた例が、一七語五〇例あったという。一〇回以上用いられた異なり語数一四二一語の内、仮名遣いに問題のあるものは、五七語（二二九例）というから、語数の上では四％ほどであって、大体は歴史的仮名遣いに沿っていたことになろう。全部の例数が示されていないから、全体的に見て、どの程度の誤りの例数があったかは確かでない。ただ、右のようなケースは、後までも、よく誤用例として現れたものであって、その事例が、明治初期にも相当に行われていたことの一つの例となるであろう。

二葉亭四迷の『浮雲』（明治二十年〈一八八七〉から二十四年にわたって発表）では、比較的歴史的仮名遣いに沿っているように見えるが、それでも、

口を鉗《つぐ》むで仕舞ツたので　俸禄を食《はむ》だ者で有ツたが　首尾よく済《すむ》だので　初《はじめ》の内ははにか

むでばかり居たが　怪《あやし》むで

など、音便形語尾を「む」と記した例が目につく。

幸田露伴の『風流仏』（明治二十二年〈一八八九〉発表）にも、

あり難がるこそおかしけれ　楽《たのしみ》は奈良じやと　手紙出そうにも当所《あて》分らず　愛に暗《くら》むで

是《これ》ほどなさけなき者のあろうか

などの誤例がある。もっとも、口語体の創成期であって、まだ文典も十分に整備されていなかった時期であるから、その仮名遣い、ことに助動詞などについても、固定しないのも無理からぬことであったろう。

明治二十八年（一八九五）一月から翌二十九年一月にかけて『文学界』に連載された、樋口一葉の小説「たけくらべ」を見ると、仮名遣いの用法は、相当に奔放である。

けふ　むづかしきに　をかし　おもひなし　ありませう　言ひかへす者

のように、歴史的仮名遣いに合っているものもあるが、一方では、

うわさ　何と思ふても　身じまい　引たほした　首みぢかく　入り込まんづ勢ひ

いゑ〳〵（否々）　馬だねへ　どうだろう

のように、歴史的仮名遣いに合わないものも多い。当時の口語・俗語を記した部分も、など、江戸時代の俗書の傾向が残っているように見える。漢字に添えた振仮名（ルビ）は著者自筆の

場合もあり、あとから別人が附けた場合もあったというから、著者自身の意識が、どこまで反映しているのか、問題のある場合もあろうが、字音仮名遣いなどで見ると、

興《きやう》をそへて（「きやう」は「きよう」が正しい）

仏説阿弥陀経《ぶつせつあみだけう》（「けう」は「きやう」が正しい）

総領《そうりよう》（「りよう」は「りやう」が正しい）

などの誤用も目につく。

しかし、追い追いに歴史的仮名遣いは普及して行って、明治も末年に近くなると、著名な作家などは、大体これに従うものが多くなった。それでも、時折、それに外れたものも、見当らないでもない。明治三十九年（一九〇六）四月に発行された夏目漱石の「坊ちゃん」（『ホト、ギス』第九巻第七号附録）では、ほとんど歴史的仮名遣い通りになっている。ただ時折、

○何をしやうと云ふあてもなかつたから（「しよう」が正しい）

○飯を済ましてからにしやうと思つて居たが（同右）

○断はつて帰つちまはうと思つた（「断わつて」が正しい）

などの例が散見する。青柳達雄氏の調査によると、自筆本原稿との相違もあり、自筆原稿では「植え」「答へた」などとあったのを、印刷では「植ゑ」「答へた」のように訂正されている部分もあると（1）いう。

大正三年刊の『こゝろ』でも、ほとんど歴史的仮名遣いで統一されているようで、「とうとう帰《かへ》る事《こと》になつた」のような誤用はむしろ例外的である。漱石の場合は、一般に歴史的仮名遣いで統一されており、明治大正の代表的作家の使用した仮名遣いとして、世間に広く行われていたと思われる。歴史的仮名遣いの「歴史的意義」も、この点に注目して考慮する必要があろう。

しかし、作家によっては、まだ歴史的仮名遣いに合わない例もあった。明治四十五年（一九一二）六月に初版が刊行された、石川啄木の『悲しき玩具』では、

ちようど　外套《ぐわいとう》　机《つくへ》　筈《はづ》　騒《さはがしき》　氷嚢《へうのう》　弱《よは》る　傷《きづ》　坐《すはらせて》　小《ちいさく》　人形《にんげう》

などの誤りがあったが、再版以降で、訂正されているという。

このような次第で、歴史的仮名遣いが、世間一般に定着するまでには、明治初期の政府の施策から以後、三、四十年を要したと見てよいであろう。これは、歴史的仮名遣いの内容の複雑性にもよるが、出版界などが必ずしも一時に統一的に動かなかったことにも原因があったと思われる。これは、「現代かなづかい」が、昭和二十一年以降、急激な勢で、数年の間に普及した事情と比較して、非常に対蹠的であった。

歴史的仮名遣い改訂の議論

歴史的仮名遣いに反対する議論は、早く明治十年代から起り、明治三十年代には、文部省当局が改訂の方向に向けた施策を打ち出したこともあった。しかし一方では、これに反対して歴史的仮名遣いを擁護する議論も強力であり、それ以後も再三改訂案が提出されたり、改正運動が進められたりしたにも拘らず、結局、昭和二十一年の「現代かなづかい」公布までは、歴史的仮名遣いが、公私にわたって一般に用いられていた。この原因としては、いろいろな要素が考えられるけれども、それらの中で大きなものとして考えられるのは、一つには教科書、ことに国定教科書に歴史的仮名遣いが採用されて、普通教育で行われつづけて来たこと、一つには、新聞雑誌等のいわゆるマスコミの使用、そして、もう一つの大きな原因としては、当時の文芸界を代表する作家たちのほとんど大部分が、歴史的仮名遣いによって作品を発表していたこと、などが挙げられるであろう。

さらにまた、歴史的仮名遣いの育成された基盤が、国学者流の尚古主義・国粋主義であり、明治以後の仮名遣い論者の中にも、この方向の思想を抱く人々が少なくなかったことが、この歴史的仮名遣いを維持し、発展させるのに、大きな力があったことも忘れることはできない。その上また、当時は未だ口語についての研究が緒についたばかりであり、ことに口語の文法などは、文語文法の枠の中に口語をはめ込むような形で、やっとその試みが始められたころであった。もし、かりに、歴史的仮名遣いを発音式仮名遣いに改めた場合、口語の文法体系を構成することは、当時としては非常に困難だったであろうと思われる。これらの諸要素が絡み合って、結局、歴史的仮名遣いは、その後数十年間、社会全般に使用されたのであろうと思われる。

歴史的仮名遣いに対する反対説は、その主義主張に種々の異なった内容があり、必ずしも同一の根拠に立ったものではないが、方向としては、現代語音に近づけて、歴史的仮名遣いの記憶の負担を軽減しようとするものであった。その内の大部分は、議論だけで、公の場で実践されるには至らなかったが、ただ一つ、例外があった。それは、いわゆる「棒引仮名遣い」というもので、国定教科書の中に、明治三十七年度から四十二年度までの六年間、使用されたことがある。これは、字音仮名遣いだけに限り、和語の仮名遣いは、従前通り歴史的仮名遣いという、奇異な表記法であった。次にその実態について少し見ておくこととしたい。

棒引仮名遣い

明治三十三年（一九〇〇）八月、文部省令によって、小学校令施行規則が改められ、その第十六条で、字音仮名遣いは、同令の第二号表によると定められて、小学校教科書には、字音に限り、表音的仮名遣いが採用された。

明治三十六年十二月と三十七年三月発行（明治三十七年度から使用）の文部省著作『尋常小学読本』には、次のような例が見られる。

ハタ　ヲ　モッテヰル　ノ　ハ　ジロー　デス。（巻一）

ミナサン。ドチラ　ノ　コタヘ　ガ　ホントー　デス　カ。（巻二）
ききょーもさいてゐます。（巻五）
野原には、ちょーちょがまってゐて、すみれやたんぽぽがさいてゐて、それはおもしろいよ。（巻七）

右の「ジロー」「ホントー」「ききょー」「ちょーちょ」のように、長音を「ー」で記すものだったため、俗に「棒引仮名遣い」といわれた。しかし、この方式については、世論の反対、内容実施上の問題などがあり、明治四十一年（一九〇八）、文部省令をもって、右の小学校令施行規則の第二号表が削除され、教科書ももとに戻った。明治四十三年二―七月発行（明治四十三年度から使用）の文部省『尋常小学読本』では、

白イ　ノ　モ　コウバイ　モ　アリマス。（巻二）
さあ、これ　から　がくかう　へ　行きませう。（巻三）
仁王門《ニワウ》ヲ入リテ、観音堂ヲ拝シ、ソレヨリ水族館ヲ見ル。（巻七）
陸上に居る鳥で、はぎの長いのは駝鳥《だてう》である。（巻八）

のように、字音も歴史的仮名遣いによっている。この間の事情については、古田東朔氏の研究に詳しく説かれている（1）。

「歴史的仮名遣い」の完成へ

明治時代以後、西洋の近代科学流入の一環として、国語学の文野でも、言語史研究が勃興し、古代語研究の新資料の探索、歴史的研究方法の実践などが進められた。その結果、古代の古訓点資料、古辞書、抄物、キリシタン資料など、多種多様の新しい文献が発見され、国語史研究は大いに進展したが、それに伴い、従来知られなかった語の古例が発見されたり、不明であった語源が明らかにされるなどのことが多かった。その結果、これまで疑問とされていた仮名遣いの中で、確定されたものも少なくない。これら仮名遣いの疑問の語を集め、一々国語学的検討を加え、明らかになったもの、未詳であるもの、問題点などを列記した書物が編纂された。これが、次に述べる『疑問仮名遣』である。

この本によって、多くの語について、その歴史的仮名遣いが明らかにされたが、それでもなお未詳のものも多く残されており、また、中には、本書で明示されたにもかかわらず、従来の行きがかりのためか、正しい形が世に広まらず、誤用の形だけが依然として広く世に行われていた例もある。「たじろぐ」（正しくは「たぢろぐ」、古くは「たぢろく」）など、その一例である。

『疑問仮名遣』

『疑問仮名遣』二冊は、文部省の国語調査委員会の編纂に成るもので、前編は大正元年（一九一二）九月、後編は同四年一月に発行された。本居清造氏の編纂担当で、前編には「あいおい（相生）」「あいだちなし」から「わかんどうり（王孫）」「われもこう（草の名）」に至る二八九語を取り上げて五十音順に排列し、各語ごとに、その語の仮名遣いについての従来の学説を集録し、後編には、右の各語についての文献上の徴証を時代順に配列して、その語の正しい仮名遣いを決定しようとしたものである。

本書については、昭和四十七年に複製本が刊行されたが、その折に峰岸明氏の解説が附けられ、本書の国語学史的価値、本書以後現在に至る学界の新しい研究などについて、周到な説明が加えられている。(1)

国語調査委員会が、文部省内に正式に設けられたのは、明治三十五年（一九〇二）三月のことであった。国語の文字・文章・音韻組織・方言を調査し、また、漢字節減・現行普通文体の整理、国語仮名遣い、字音仮名遣い、外国語の写し方などが、調査方針として定められ、大正二年六月に廃止されるまでの十一年の間に、『送仮名法』、『音韻調査報告書』、『口語法調査報告書』、『漢字要覧』（林泰輔）、『仮名遣及仮名字体沿革史料』（大矢透）、『仮名源流考』（同上）、『周代古音考』（同上）、『平家物語につきての研究』（山田孝雄）、『口語法・口語法別記』（大槻文彦）などの諸書が出版され、西洋近代言語学に基づいた、新しい方法によって、後年の国語学の研究の基礎を築いた名著が、続々刊行された。『疑問仮名遣』は、これらの中の一つであって、それまで、諸説あって定まらなかった契沖の仮名遣いについて、刊行当時の時点において為し得る最高の国語学的な研究成果を挙げたと言える。

前にも述べたように、契沖の仮名遣いの規準は、延喜天暦（九〇一―九五七）以前の文献に典拠を求めることにあったわけだが、その古い時代に用例の得られない語については、後世の文献に拠らざるを得なかったわけで、そのために、仮名遣いを確定することのできない語が多数あった。『疑問仮名遣』は、各時代にわたって、信頼できる写本、刊本から用例を採録したが、その中でも、大矢透委員の集録した古訓点本など、古文献の例を価値あるものとして、多数採用している。

延喜天暦以前の信頼できる文献といえば、大部分は古訓点資料であって、現に『疑問仮名遣』の中でも、「あたひ（価）」「あるいは（或）」「いゆ（癒）」「おぼる（溺、但し古くは「おぼほる」であった）」「もよほす（催）」「をかす（犯）」などの諸語については、平安時代（十世紀前半）以前の古い確実な用例によって、「い」「ひ」「お」「を」「ほ」などの仮名遣いの確定を見るに至った。

また、室町時代（十六世紀）前半までの、確実な資料によって、「あづく（預）」「あらかじめ（予）」「うづ（渦）」「おこづる（誘）」「づた〱に（寸々）」「ついぢ（土塀）」「つじ（辻）」「つづらをり（九十九折）」「なじむ（馴染）」のように、「じ」「ぢ」「ず」「づ」の区別の正しい仮名遣いが確定したもの、「あふご（朸）」「ぶつそう（物忩）」など、アウ・オウのオ列の長音の開合の仮名遣いの定ったものなど、この書によって、それまでの諸説に終止符が打たれたものが非常に多い。この意味で、『疑問仮名遣』は、契沖の仮名遣いの一往の完成の段階を示すものといってよい。

ふり返って見ると、契沖の『和字正濫鈔』が刊行されたのが元禄八年（一六九五）であるから、『疑問仮名遣』の後篇が刊行された大正四年（一九一五）まで、実に二百二十年を経ている。この間に、新しく資料が発見されたり、研究が精密になったりして、次第に仮名遣いの内容が整備されて来た。契沖の仮名遣いも、実は、二百年余りにわたって、代々の学者が、苦心して積み重ねて行った、その結果を示すものということが出来よう。

ところで、「ハ」「ワ」、「イ」「ヒ」「ヰ」、「フ」「ウ」、「エ」「ヘ」「ヱ」、「オ」「ホ」「ヲ」の仮名遣いを決定する確実な根拠としては、これらの音の混乱が始まった十世紀中ごろよりも以前の文献で、しかも、後世の転写などによって仮名遣いの改変された虞のない文献に限定されなければならない。『竹取物語』『伊勢物語』などは、原本の成立年代は古いにしても、平安朝時代の古写本が残っていないのであるから、この点では確実な資料とはなし難い。『古今和歌集』は、成立は延喜五年（九〇五）のころであるから、その原本があれば、よい資料になるが、現存する最古の写本、「高野切」についても、撰者である紀貫之の自筆という古来の伝承は、必ずしも十分に信頼出来ず、現に、仮名遣いの誤りなども指摘されている。

このように見て来ると、残るのはいわゆる「一等資料」で、そのほとんど全部が、平安初期中期（九、十世紀）の訓点資料ということになり、現に、『疑問仮名遣』の中でも、大矢透博士の調査研究によるこの種の資料が大幅に参照されている。

また、「ジ」「ヂ」「ズ」「ヅ」の区別やオ列長音「アウ」「オウ」のいわゆる開合の区別についても、その根拠については、室町時代以前の「一等資料」が必要となるわけだが、古訓点資料をはじめとして、古辞書・古写本などが大量に使用された。その書誌なども後篇の巻末に詳しく記されていて、国語史学的に見て非常に厳密な方針であることが明らかである。

ただ、この書の中で取り上げられた語彙は、その大部分が和語の類であり、漢語は、ごく少数の俗語の類に止まっている。漢字音の仮名遣い全体にわたっての体系的な研究については、全く触れられていないわけで、この点については、さらにそれ以後の研究の進展にまたねばならなかった。

古訓点資料をはじめとする「一等資料」の開拓は、大正時代以後、徐々に進められ、ことに、第二次世界大戦後には、大幅な進展が見られた。それらの研究成果によって、本書の結論をさらに確実にしたり、また、本書で不確定であったものが決定されたりしたものが相当にある。この点については、峰岸明氏の解説によく尽されているが、ことに、「あるいは（或）」「もちゐる（用）」「さいぎる（遮）」「およぶ（及）」などの語は、それ以後の近時の調査研究によって、確定された語である。この他にも「あわただし」は、平安初期に加点された本、「金剛波若経集験記古点」の「アワテ」の仮名書きの例によって、「ワ」が正しいことは動かないであろう。

しかし一方、「うずくまる」のように、未だに異論の絶えないものもある。また「いちょう（鴨脚子）」「がへんず（肯）」のように、今もって完全な解明に至らないものもある。また、「候」は、従来「さふらふ」とされて来たが、橋本進吉博士は「さうらふ」が正しいことを論証された（1）。このような例もあるが、一方、「あふなあふな」「たぢろく」など、今日でもなお、一般に固定していない語もある。これらについては、少しばかり次に述べることにする。

「たじろぐ」という動詞がある。『疑問仮名遣』では『仮名文字遣』『高野山文書』や『易林本節用集』を挙げて、一往「たぢろく」を正しいとしていたのにも拘らず、『大日本国語辞典』『大言海』ともに「たじろぐ」という項目を立てており、「たぢろぐ」の形は載せていない。「じ」と「ぢ」とは、江戸時代の初めごろまでは発音の上でも区別があり、一般に書き分けられていた語だから、江戸初期以前の写本に用例があれば、どちらが正しいか決定できるはずである。

この語の最も古い例は、『宇津保物語』の俊蔭の巻に出て来る。この物語の最古の写本といわれる前田本（近世初期写）には、

学士をもつかうまつらするに、ふみの道はすこしたぢろくとも、そのすぢはおほかり(1)

と「たぢろく」となっている。また、『源氏物語』の帚木の巻にもあって、室町時代書写の大島本では、

さやうならむたぢろきにたへぬへきわざなり(2)

と、これも「ち」を用いている。室町時代末期の辞書類を見ても、慶長二年（一五九七）刊行の『易林本節用集』にも「牢籠《タヂロク》」とあり、『日葡辞書』（一六〇三年刊）にも、

Tagiroqi, u, oita　タヂロキ，ク，イタ

のように、ヂに相当するgiを使用している。

この語の仮名遣いを「たしろく」としたのは、『和字正濫鈔』あたりに始まるらしい。「仮名もいまだ考《かん》がへねど、みじろくといふ言もあれば、たぢろくにはあらじと思ひてこゝに出す」と注しているが、これが後に踏襲されたようである。近時の国語辞典では、「だぢろく」（「く」も古くは「ぐ」でなく、清音の「く」であった）と訂正されたものが多くなった。

「うずくまる」「うづくまる」についても、すでに『疑問仮名遣』で取り上げられた。そこでは、平安時代以来の両形の例を示し、「うずくまる」を正しいと結論づけている。挙げられているのは、『日本霊異記』の訓注「蹲《ウスクマリ》」、『類聚名義抄』（観智院本）の「踞《ウスクマル》」他計四例、『高野山文書』の片仮名書きの例などである。

『日本霊異記』の訓注には、時代的に問題があって、本文の成立した平安初期当時のものもあるが、それらは多く万葉仮名または草仮名であるらしく、それに対して、片仮名書きのものは、平安時代後半期以降に追加されたものがあるらしい。群書類従本には「蹲《ウスクマリ》」（中三四）、「踞《ウツクマリヲリ》」（下一八）の両形があり、真福寺本（平安末か鎌倉初期写という）にも同様であるが、近時発見された来迎院本は巻中と下だけの不完本ではあるが、平安時代末期の写本で、同じころの仮名の附訓があって、これは「踞」に「ウスクマリ」（下一八）、「蹲」に「ウスクマリ」（下二七）と、一様に「ス」を用いている。『類聚名義抄』には、戦後発見された図書寮本で「蹲」の字を「ウズクマル」と訓じている。

ところが一方、東寺金剛蔵の『金剛頂瑜伽中略出念誦経』巻第一の平安時代保安四年（一一二三）の訓点には、「蹲」を「ウツクマリ」と訓じたところがある。

この他、古い用例は少なくないが、このことばについては、大勢は「ウズクマル」であるが、時に「ウヅクマル」の形も古くから行われていたというのが真相ではあるまいか。『疑問仮名遣』では、『日本霊異記』の「ウヅクマリヲリ」は後世の人がみだりに改めたものだろうときめつけているが、必ずしもそうとは言い切れないように思う。結局、この語については、「ウズクマル」「ウヅクマル」両方の形とも正しいとせざるを得ないと思われる。

明治以後の字音仮名遣い研究

明治時代以降、漢字音の研究は、大きく分けて、二つの流れがある。一つは、ある面では江戸時代以来の伝統を継承したもので、大矢透・大島正健・満田新造・飯田利行などの諸博士によるもので、主として、『韻書』『韻鏡』などに基づき、理論的な面での研究の展開である。

他の一つは、日本における古代文献を新たに発掘し、それを資料とした研究で、大矢透博士に始まり、有坂秀世博士などの業績が著しく、第二次大戦後は、奥村三雄氏・高松正雄氏・沼本克明博士などによって、精力的な研究が進められて来た。

これらの研究の結果、理論的な面と実証的な面との両面にわたって、従来の字音仮名遣いについての不備が指摘され、また、それを訂正すべきであるとする説が、提唱された。ことに近年は、平安時代の訓点資料や、中世の古辞書類などによって、新材料が提供された結果、それらに基づいた新説が、学界を賑わすことになった。その中では、まだ定説の座を得ていないものも多いが、ここでは、大体、学界の定説として固定するに至った問題点の中で、重要なものをいくつか取り挙げてみたいと思う。

字音仮名遣いは、前々章でも触れたように、当初から、和語の仮名遣いとは、性格の違ったものとして扱われて来た。明治以後、仮名遣い改訂の論議が起った折にも、この趨勢は変らなかった。仮名遣いについての論議は、早く明治十六年（一八八三）に結成された「かなのくわい」などで始められ、その中の「雪の部」の部会では、発音的仮名遣いが支持されていた。その後、明治三十三年（一九〇〇）八月に至り、文部省令によって小学校令施行規則が改められた際、字音仮名遣いに、発音式が採用され、従来の「あう　あふ　おう　おふ　わう　をう」に対して「おー」、「きやう　きよう　けう　けふ」に対して「きょー」のような仮名遣いが定められ、実際に小学校の教科書に採用された。しかし、この方式については、内容上にも問題があり、世論の反対もあったため、明治四十一年九月、これを廃止して、従前の歴史的仮名遣いに戻るという経緯もあったことは、前に述べた通りである。

ところで、字音仮名遣いの従前の説に対する批判は、まず「スヰ（推）」「ツヰ（追）」「ユヰ（唯）」「ルヰ（類）」等、いわゆる止摂合転に属する字の仮名遣いについて起った。満田新造博士は、大正九年七月に「スヰ・ツヰ・ユヰ・ルヰの字音仮名遣は正しからず」という論文を発表し、文雄の『和字大観抄』、本居宣長の『字音仮字用格』、太田全斎の『漢語音』などの定めた説は誤りであって、「スイ」「ツイ」「ユイ」「ルイ」が正しい、という主張を行った。[1] その根拠として、『韻鏡』の解釈、現代北京官話音、平安朝時代以降の実例などを挙げて、「クヰ」は古く合拗音であったが、他はそうでないことを論証した。その後、大矢透博士も『韻鏡考』の中でその誤りを指摘された（大正十三年十二月刊）。古代の訓点資料の例などが、一様に「スイ」「ツイ」「ユイ」「ルイ」の類になっていることは明らかな事実であり、その後、この事実についての報告、研究も少なくない。[2]

世間通用の国語辞書や漢和字典では、依然として、江戸時代以来の「スヰ」「ツヰ」が採用されていたが、それらの中で、最初に「スイ」「ツイ」の類を、正しい字音仮名遣いとして採用したのは、『明解古語辞典』（昭和二十八年四月刊）である。その後、『新選古語辞典』（昭和三十八年四月刊）、『新潮国語辞典現代語古語』（昭和四十年十一月刊）をはじめ、続々と採用され、大規模な辞典でも『日本国語大辞典』（昭和四十七年十二月—五十一年三月刊）、『古語大辞典』（昭和五十八年十二月刊）、『角川古語大辞典』（昭和五十七年六月刊）などでは、この仮名遣いを採用している。しかし、『大漢和辞典』（昭和三十年十一月—三十五年五月刊）などでは、依然として従来の方式を採用している。

次に、豪（晧・号）韻所属の漢字「好」「草」「道」「宝」「毛」などの字音仮名遣いについて、本居宣長の『字音仮字用格』では、漢音・呉音共にアウ韻、白井寛蔭の『音韻仮字用例』では、漢音アウ韻、呉音オウ韻とした。従来世間通用の辞書類は、多くこれらの説に拠っているようであるが、これについて、有坂秀世博士は、平安時代から、室町時代末ごろまでの諸文献について、実例を調査した結果、豪（晧・号）韻は、唇音の子音（p-, b-, m, f- など）をもつ字音に限って、漢音・呉音ともに、例外なく「ホウ」「ボウ」「モウ」のように、オウ韻となっていることを明証された。[1] そして、おそらくこれは、中国語において、唇音の子音の直後に続くau韻が、その影響を受けて、ɔu（オウ）の色彩を帯びていた可能性があり、それが古代の日本語の文献に反映しているのであろう、と推定された。そして、歴史的仮名遣いの立場から、字音仮名遣いを決定するに当っては、古く行われていた「ホウ」「ボウ」「モウ」等の仮名遣いを、今日において「ハウ」「バウ」「マウ」等に改めることについて、問題を投げかけられた。この説も、現在では、学界の定説となり、上記の諸辞書などで多く採用されている。

この他、近時は、「終」「中」「龍」の類を、「シユウ」「チユウ」「リユウ」とするのは誤りであって、「シウ」「チウ」「リウ」とすべきであること、「甲」の字には、字義によって「カフ」「コフ」の二音があったこと、その他多くの論考が公にされているが、あまり煩雑になるので、この問題については、この辺で止めておくことにする。ただ、古代の漢字音の表記の実態そのものが、まだ調査研究の中途の段階にあり、字音仮名遣いについても、多くの問題を孕んでいて、まだ未解決であり、将来の研究の進展に期待すべき余地が非常に多いということ、換言すれば、字音仮名遣いそのものが、まだ未完成の現状にあるのだということを、認識して頂ければ幸いである。

おわりに

以上のような点をいろいろ併せて考えると、歴史的仮名遣いの伝統的意義というものは、江戸時代以来の国学の流れと、それに加えて明治時代以来の国民一般の広汎な使用というものが考えられることになる。しかも、江戸時代の国学の尚古主義も、中世以来の定家流の方針と比べて、理念の上では一脈相通ずるところがあり、その由来は、決して新しいものではないことが知られるのである。

中世以来、仮名遣いについての書物は、非常に多数のものが著された。それらの一々について、本当はもう少し触れたい気持もあったが、紙幅に限りがあることと、全体の大きな流れを、私なりに描いて見たいという希望とによって、代表的な主な書物だけを重点的に取り上げることに止まる結果となった。しかし、書き上げて見ると、触れるべきであったと思われるものを逸したり、同じ問題について煩わしく繰り返し述べたりした点が目につき、不本意な点も少なくない。しかし、一方では、従来述べられていなかった新しい資料や、新しい事実、それに私なりに思いついたことも、若干は織り込んで見たつもりであり、この点を含めて、読者各位のご高評を頂ければ有難いと思っている。

明治以来の仮名遣い問題については、あるいはもっと紙幅を割くべきだとの考えも成り立つかも知れないが、私としては、それよりもむしろ、従来あまり知られていなかった「歴史的仮名遣い」の中に含まれているいろいろな問題について、考えを述べて見たかった。そのために、近代の仮名遣い論争については、今回はほとんど触れずに終ってしまった。

本書の成るに当って、企画・編集については岩田堯氏の、校正には長谷川弘道氏のお世話になった。厚く御礼申上げたい。また原稿の浄書や校正の上で、荊妻の尽力があったことを申添えておきたい。

昭和六十一年五月

築島　裕　識

注　（一番上の数字は頁を表わす）

16（1）「島津綱貫（一六五〇—一七〇五）教訓」（日本思想大系『近世武家思想』）六五頁。
（2）中江藤樹「翁問答」（日本思想大系『中江藤樹』）二二頁。
17（1）馬淵和夫「『平安かなづかい』について」（『佐伯梅友博士古稀記念国語学論集』昭和四十四年六月）。

20（1）小松英雄『徒然草抜書　解釈の原点』（昭和五十八年六月）。

21（1）橋本進吉「古代国語の音韻について」（著作集第三冊『文字及び仮名遣の研究』所収、昭和二十四年十一月）。
（2）キなどの「音韻」が一種であるか二種であるかについては、近年理論上の問題が議論されているが、仮名が単語によって使い分けられているというのは、歴史的事実である。
22（1）石山寺蔵本『法華義疏』の長保四年（一〇〇二）の訓点に「顔」を「カヲ」と訓じた例がある。
（2）右と同じ本に「欣」を「オシム」と訓じた例がある。
（3）石山寺蔵本『大唐西域記』の長寛元年（一一六三）の訓点に「顔」を「カホ」と訓じた例がある。
（4）『法華義疏』の長保四年の訓点に「恡」を「ヲシムヲバ」と訓じた例がある。
23（1）大矢透『音図及手習詞歌考』（大正七年八月）附録五十音図証本、六頁。

29（1）例えば『韻鏡指帰』『一字頂輪王儀軌音義』など。
（2）大矢透『音図及手習詞歌考』。

(3) 高野辰之『新訂増補日本歌謡史』(昭和十三年)。

35(1) 大野智「仮名遣の起原について」(『国語と国文学』第二十七巻第十二号、昭和二十五年十二月)。

36(1) 26頁注(1)と同じ。

41(1) その原文は次の通りである。

他人摠不レ然、又先達強無二此事一、只愚意分別之極、僻事也。親疎老少、一人無二同心之人一。尤可二道理一。況且当世之人、所レ書文字之狼藉、過三于古人之所二用来一、心中恨レ之。(中略)右事非二師説一、只発レ自二愚意一、見二旧草子一了二見之一。

42(1) 35頁注(1)、及び大野晋「定家仮名遣」(『国語学大辞典』昭和五十五年九月)。

44(1) 小林芳規「石清水文書田中宗清願文案に現れた藤原定家の用字用語について」(『鎌倉時代語研究』第三輯、昭和五十五年三月)。

45(1) その原文は、次の通りである。

京極中納言定家卿家集拾遺愚草の清書を祖父河内前司于時大炊助親行に誂申されける時、親行申て云、をおえゑへいゐひ等の文字の声かよひたる誤あるによりて、其字の見わきがたき事在レ之。然間、此次をもて後学のために定をかるべき由、黄門に申処に、われも、しか日来より思よりし事也。さらば主爨が所存の分、書出して可レ進由、仰られける間、大概如レ此注進の処に、申所悉其理相叶へりとて、則合点せられ畢。然者、文字遣を定事、親行が抄出是濫觴也。

46(1) 大友信一「(仮名文字遣)解題」(『仮名文字遣』『駒沢大学国語研究資料第二』、昭和五十五年六月)。

47(1) 久保田淳「拾遺愚草」(『日本古典文学大辞典』昭和五十九年四月)。

49（1）　石坂正蔵「定家の区別した仮名について」（『国語学』第四十六集、昭和三十六年九月）。

54（1）　原文は次の通りである。

抑於二和字音義一、従二京極黄門一之以降、尋二八雲之跡一之輩、高卑伺二其趣一者歟。仍天下大底守二彼式一、而異レ之族一人而無レ之。依レ之、人々似レ背二万葉古今等之字義一者也。僕又専二彼式一而用来年久。今時又亦不レ背レ之、将来又以可レ然者也。但特地於二万葉集一、至三于書二加和字一、於二漢字一右而聊引二発愚性之僻案一、偏任二当集之音義一、所レ令レ点レ之也。是且非二自由一、且非レ無レ所レ詮。其故者、依二当世之音義一、書用二其和字之則一、遠二万葉集儀理一之事在レ之、所レ謂当集者、遠近之遠字之仮名者、登保登書レ之、草木枝条之撓乎者、登乎登書レ之。当世遠近之遠字、和音者登乎登書レ之。然者、用二書此和音一者、所レ可レ令二集之字語相違一也。又書二字恵一者。殖也。書二宇辺一者。上也。此外比類、雖レ有レ之、恐レ繁而註二別紙一略レ之爾已。

55（1）　「万葉集諸本各説第十二大矢本およびその類本」（『校本万葉集』首巻巻上、大正十三年十二月）。

（2）　その原文は次の通りである。

中頃定家卿さだめたるとかいひて、彼家説をうくるともがら、したがひ用るやうあり。おほよそ漢字には四声をわかちて、同文字も音にしたがひて心もかはれば、子細にをよばず、和字は文字一に心なし。文字あつまして心《(りカ)》をあらはすものなり。されば古くより声のさたなし。或は別の声を同音に用たるあり。をは遠。上声又は去声也。をは越。入声。いは以。上声。いは伊。平声也。或は訓を音にたとへたるあり。とは止。トドムル也。は江也。又には丹也。えこの類是にかぎらず。万葉を見てひろく心得べし。まづ、いろは四十七字の内、同音有は、いゐ、をお、えゑ也。此外に、はひふへほをわゐうえ(ママ)をとよむは、詞の字の訓に付てつかふ文字也。しばらくいろはを常によむやうにて声をさぐらば、おもじは去声なるべし。定家がおもじつかふべき事をかくに、山のおくとかけり。誠に去声とおぼゆるを、おく山とうち返していへば、去声にはよまれず、上声に転ずる也。又おしむ、おもひ、おほかた、おぎのは、おどろくなどかけり。これはみな去声にあらず。此内おしむは、おしからめといふおりは去声になる。思も、おもひ〳〵と云おりは、初のおもじは去声。後のは去声によまれぬ也。又え文字も、去声なるべきに、ふえ、たえ、えだなどかけり。すべていづれの文字にも、平上去の三声はよまるべき也。たとへば、かもじとみもじとをはあせ（あはカ）むに、かみ神也、かみ上也。かみ紙也。又一字にては、は木葉也。は楽破也。（中略）これにてしりぬ。和字にもじづかひの、かねて定めをきがたき事を。定家かきたる物にも、緒の音を、尾の音お、などさだめたれば、音につきてさた（沙汰）すべきかと聞えたり。しかれども、その定たる所の四声にかなはず、又一字に儀（義）なければ、そのもじ其訓にかなふべしといひがたし。音にもあらず。儀にもあらず。いづれの篇に付てさだめたるにか、おぼつかなし。然れ共にはかに此つかへをあらたむべきにあらず。又たとへに是を信ぜば、音儀に叶べからざるによりて、此一帖には文字づかひをさたせず。かつは先達の所為をさみするに似たりといへども、音に通ぜむものは、をのづからこの心をわきまへしれとなり。

59（1）築島裕「仮名声点の起源と発達」（『金田一春彦博士古稀記念論文集』第一巻　国語学編、昭和五十八年十二月）

（2）秋永一枝『古今和歌集声点本の研究　資料篇、索引篇、研究篇上』（昭和四十七年三月、四十九年三月、五十五年二月）。

62（1）小松英雄「日本字音における唇内入声韻尾の促音化と舌内入声音への合流過程——中世博士家訓点

資料からの跡付け」(『国語学』第二十五集、昭和三十一年七月)。

67(1) 上田万年・橋本進吉『古本節用集の研究』(大正五年三月)。

71(1) 「やゐゆえよ」の「ゐ」は原文のまま。後掲の五十音図では「ヤイユヱヨ」となっている。この書にはこのような誤りや不統一がある。

72(1) 『蜆縮涼鼓集』には、元禄八年(一六九五)の刊本があるだけであるが、神宮文庫蔵本、龍門文庫蔵本、故橋本進吉博士蔵本などが知られており、『国語学大系』(仮名遣一)に橋本本が翻字され、また、『駒沢大学国語研究資料第二』には神宮文庫本の影印と五十音順索引とが収められている。

73(1) 亀井孝「蜆縮涼鼓集を中心にみた四つがな」(『国語学』第四輯、昭和二十五年十月)。

74(1) 本書の凡例の原文は次の通りである。

ゐおゑの仮名《かな》をも、三音通呼《さんおんつうこ》の義に任せて、いをえの内に併《あはせ》入れ、其中にて主爨《さん》の抄等に従がひて各仮名文字を書分ぬ。

75(1) 『謡開合仮名遣』の諸本としては、元禄十年(一六九七)版本(東京大学国語研究室蔵本、国立国会図書館蔵本)、元禄十四年(一七〇一)版本(東京大学国語研究室蔵本)がある。

79(1) 「倭字正濫抄」は、三手文庫蔵本の今井似閑書写の『和字正濫要略』の中に見えている。97頁注(1)参照。

80(1) 築島裕「契沖述作の語学書について」(岩波版『契沖全集』第十巻 語学、昭和四十八年十月)。井之口孝「契沖の漢学の一面——字書の利用をめぐって」(『愛知大学外国語研究室報』三、昭和五十四年三月)。同「『万葉代匠記』所引の漢籍について——付、引用書目」(同四、昭和五十五年三月)。同

「契沖の漢学の一面――「韻会」の利用をめぐって」（『愛知大学文学論叢』六七、昭和五十六年七月）。同「『万葉代匠記』所引の漢籍をめぐって」（『万葉』第一一三号、昭和五十八年三月）。

81（1）よみ易さを考慮して、原文は割行に書かれているが、本書の引用には一行に記し、また、濁点や「 」などを加えてある。

82（1）築島裕『平安時代の漢文訓読語につきての研究』（昭和三十八年、東京大学出版会）

84（1）山田忠雄「三代の校訂――和字正濫鈔の場合」（東洋文庫講演、昭和四十六年五月二十六日）。築島裕「契沖述作の語学書について」（岩波版『契沖全集』第十巻　語学、昭和四十八年十月）。

85（1）岩波版『契沖全集』第十巻　語学（築島裕担当、昭和四十八年十月）。

86（1）山田孝雄『仮名遣の歴史』（昭和四年七月、宝文館）。同『国語学史』（昭和十八年七月、宝文館）。

90（1）池田亀鑑『古典の批判的処置に関する研究』（昭和十六年二月、岩波書店）。

94（1）大槻文彦『国語法別記』一〇九頁。小林芳規「中世片仮名文の国語史的研究」（『広島大学文学部紀要』特集号3、昭和四十六年三月）。

97（1）今井似閑の奥書は次の通りである。ただし原文では一旦書いた文を朱で消したり、書き加えたりしているので、その訂正された結果の文を次に示す。

此書は密乗沙門契沖師所述作也。往昔著倭字《ママ》正濫抄《ママ》五巻、いはゆる古書を引証して歌道の便りとす。しかるに武江の住、橘成員といへる人、和字通例書八巻をあらはして新古の仮名をまじへ、正濫を誹謗せる事はなはだし。さるによりて、師、古書によりて書べき旨を此書に具にのべたまひ、正濫にも添がきし給へりき。すべて古人の定めおきける仮名をたがへて、みだりに俗にしたがふべからざる事、此書ノ中にみえたるがごとし。

于時宝永六己丑正月於六娑《(ママ)》羅密《(ママ)》寺辺一校書入畢　洛東隠士似閑

（濁点、句読点は筆者が適宜加えた。以下同じ）

99（1）又ちかごろの人、かなの事はつや〳〵しらぬが、しひて真名の四声によるべしといふあり。これいはれなき事なり。（岩波版『契沖全集』第十巻、六七五頁）。

（2）『和字正濫要略』の標目の詳細は、次のようである。

い　中下のい　ゐ　中下のゐ　ひ附　を　中下のを　（お）中下のお　中下のほ　江　中下のえ

ゑ　中下のゑ　中下のへ　中下のわ　中下のは　中下のう　中下のふ　むとうと通ずる類　音便むと聞ゆれどうと書べき類

101（1）例えば、次のような例がある。

愛宕　おたき（中略）俗書に、をたき、同へからす。印南野　いなみの（中略）これもまた俗書、印の字に付て、ゐなみと書べきよし、いへるにより、わきまへ侍るなり。（中略）初学の迷ひをとかで、かへりてやすきことをかたくするは、和語の邪魔なり。たゞ和語にくらきのみにあらず、ふつと韻学もなき人なり。幸に武城にすみては、言偃が絃歌を楽しみてこそ有べきに、かへりて鶏の刀を操て、牛を割《(さか)》んとするかな。孔子も戯の口を箝《(つぐみ)》て、愁の眉を顰めたまふべし。

102（1）その原文は次の通りである。

古今無雙の大言を吐て、慢幢を高く竪《あぐ》ることは、子が正濫抄、地をなせり。これによりて、今此通妨をなして、兼て、鎚勢を古人にほとばしらしめし罪を補ふなり。

104（1）『古言梯』の成立、刊行については、岡田希雄・林義雄両氏の論考がある。それによると、本書にはさらに、明和二年（一七六五）四月の、友人加藤宇万伎の序文が付いているが、初版本には刊記がない。しかし、後の版本の記録によって、この初版本は、明和二年五月に刊行されたものと推定されていた。しかしその後、岡田希雄氏により、実際の刊行は、明和六年正月ごろとされ、さらに林義雄氏は、明和五年十一月ごろとする説を提出されている。岡田希雄「古言梯版種攷㈠㈡」（『立命館文学』四ノ七・八、昭和十二年）。同「古言梯の開版期に就いて」（『国語・国文』第十二巻第四号、昭和十七年四月）。同「（古言梯）解説」（勉誠社文庫58、昭和五十四年四月）。林義雄「古言梯の成立と開版をめぐって」（『中田祝夫博士功績記念国語学論集』昭和五十四年二月）。

105（1）原文は次の通りである。

こゝに近き時、和字正濫抄とて、さる言ども書（集）つめたるあり、まことにその心ざせるさま、めでたくして、古の書らひろく相対《ムカ》へ記《シル》せし事、後の世人の私に思ひはかりていへるもの、類《タグヒ》にあらず。よるべき事多かり。しかるに、なほ思ひはかりの少き事、且いまだ考たらはざる事の多かるをいぶかりて、その方人に問へば、彼抄はいまだ一わたりの案なるものを、或人しひて世に弘《ヒロメ》たるなりとぞいへりける。さこそありなめ、其言の出る所ゆゑよしなどを記《シル》せしは十が三つ四つなり。此度考とれる言はすべて千八百八十三言、悉《コト〳〵ク》故よしを挙たり。

107（1）104頁注（1）林義雄氏論文。

110（1）『古言梯』の古版本には、次のようなものがある（主なものだけ挙げる）。

再考増補標注古言梯（村田春海、清水浜臣増訂、文政三年〈一八二〇〉刊）

112（1）増補古言梯標注〈山田常典増訂、弘化四年〈一八四七〉刊〉
掌中古言梯〈藤重匹龍編、享和三年〈一八〇三〉・文化五年〈一八〇八〉刊〉
袖珍古言梯〈揖取魚彦編、天保五年〈一八三四〉・嘉永六年〈一八五三〉刊〉

石塚晴通「仮字用格奥能山路諸本小考――上代特殊仮名遣研究史上の一問題」（野田教授退官記念『日本文学新見』昭和五十一年三月）。同「仮名用格奥之山路」（『国語学大辞典』昭和五十五年九月）。

114（1）橋本進吉「古代国語の音韻に就いて」（『国語音韻の研究』所収、一五七頁）。
（2）有坂秀世「古事記に於けるモの仮名の用法について」（『国語音韻史の研究』所収、八一頁）。
（3）古田東朔「音義派『五十音図』『かなづかい』の採用と廃止」（『小学読本便覧』第一巻、昭和五十三年十二月）。

116（1）114頁注（3）と同じ。

117（1）この他、混用のない文献として、
延喜六年日本紀竟宴和歌　本草和名　石山座主淳祐内供筆大悉曇章　蘇悉地羯羅経天暦五年（九五一）点
を、また、混用のある文献として、
天慶六年日本紀竟宴和歌（大江維時）　口遊　法華義疏長保四年（一〇〇二）点
を挙げている。

121（1）小林芳規「平安時代の平仮名文の表記様式――語の漢字表記を主として」〔Ⅰ・Ⅱ〕（『国語学』第四十四集、昭和三十六年三月。第四五集、昭和三十六年三月）。

（2）春日和男『説話の語文　古代説話文の研究』（昭和五十年十一月刊）一一九頁。

122（1）築島裕「国語史上の源氏物語」（『源氏物語の研究』所収、昭和四十九年九月）

131（1）中田祝夫『古点本の国語学的研究総論篇』九八九頁。

136（1）131頁注(1)と同じ。

140（1）古田東朔『小学読本便覧』第一巻解説（昭和五十三年十二月）。

141（1）『国学者著述一覧』九五頁。

145（1）松村明「（和英英和語林集成）解題」（『和英英和語林集成』〈複製〉昭和四十九年五月）。

148（1）『明治開化期文学集㈠』（筑摩書房『明治文学全集』1、昭和四十一年一月）による。

（2）『明治政治小説集㈡』（筑摩書房『明治文学全集』6、昭和四十六年八月）による。

149（1）国立国語研究所『明治初期の新聞の用語』（国立国語研究所報告、昭和三十四年四月）。

151（1）青柳達雄「（坊ちゃん）解説」（勉誠社文庫、昭和五十六年六月）。

155（1）古田東朔『小学読本便覧』第六巻解説（昭和五十八年三月）。

157（1）峰岸明「疑問仮名遣解説」（複製版『疑問仮名遣』、昭和四十七年十月）。

160（1）橋本進吉「『さふらふ』か『さうらふ』か」（『安藤教授還暦記念論文集』昭和十五年二月）。

161（1）古典文庫本第一冊、二八頁一一行。

（2）『源氏物語大成』本、四五頁一四行。

165（1）『国学院雑誌』第二十六巻第七号（『中国音韻史論考』所収、昭和三十九年九月）。

（2）春日政治『西大寺本金光明最勝王経古点の国語学的研究坤』五七頁。大坪併治『訓点資料の研究』

三七〇頁。築島裕『興福寺本大慈恩寺三蔵法師伝古点の国語学的研究研究篇』一六六頁。沼本克明『平安鎌倉時代に於る日本漢字音に就ての研究』一三四頁。

166（1）　有坂秀世「帽子等の仮名遣について」（『国語音韻史の研究』所収）

参考文献（注に挙げたものを除く）

山田孝雄『仮名遣の歴史』（昭和四年七月　宝文館。覆刻版昭和四十五年）

三宅武郎『仮名遣の歴史』（「国語科学講座」　昭和八年五月　明治書院）

木枝増一『仮名遣研究史』（昭和八年六月　賛精社）

橋本進吉「文字及び仮名遣の研究」（『橋本進吉博士著作集』第三冊　昭和二十四年十一月　岩波書店）

石坂正蔵「仮名遣概説――定家仮名遣と契沖の仮名遣を主とする史的研究」（『日本文学講座』第十六巻　国語文法篇、昭和十年二月　改造社）

山内育男「かなづかい研究の歴史」（『国語国文学研究史大成』第十五巻　国語学　昭和三十六年二月　三省堂。増補版昭和五十三年七月）

同「かなづかいの歴史」（『講座国語史』第2巻　音韻史・文字史　昭和四十七年九月　大修館書店）

吉沢義則『国語学史』（昭和十年一月　日本文学社）

山田孝雄『国語学史要』（岩波全書　昭和十年五月　岩波書店）

同『国語学史』（昭和十八年七月　宝文館。覆刻版昭和四十六年）

時枝誠記『国語学史』（昭和十五年十二月　岩波書店）

古田東朔・築島裕『国語学史』（昭和四十七年十一月　東京大学出版会）

永山勇『国語意識史の研究』（昭和三十八年三月　風間書房）

大矢透『音図及手習詞歌考』（大正七年八月　大日本図書。覆刻版昭和四十四年二月　勉誠社）
小松英雄『いろはうた――日本語史へのいざない』（中公新書558　昭和五十四年十一月）
赤堀又次郎『国語学書目解題』（明治三十五年六月　吉川半七）
亀田次郎『国語学書目解題』（「国語科学講座」　昭和八年八月　明治書院）
福井久蔵『国語学大系第九巻』仮名遣一（昭和十四年九月　厚生閣。覆刻版昭和四十年　白帝社）
新村出・佐佐木信綱・橋本進吉・武田祐吉・久松潜一『契沖全集』第七巻・第九巻（昭和二年一月・七月　朝日新聞社）
久松潜一・築島裕・林勉・池田利夫・久保田淳『契沖全集』第十巻　語学（昭和四十八年十月　岩波書店）
保科孝一『和字正濫抄と仮名遣問題』（ラヂオ新書77　昭和十七年五月　日本放送協会）
三木幸信『義門の研究』（昭和三十八年三月　風間書房）
時枝誠記「契沖の文献学の発展と仮名遣説の成長及びその交渉について」（『日本文学論纂』昭和七年六月　明治書院）
戸田吉郎「契沖と五十音図」（『橋本博士還暦記念国語学論集』　昭和十九年十月　岩波書店）
春日政治「契沖の語学――仮名を中心として」（『語文』〈大阪大学〉第三号　昭和二十六年七月）
馬淵和夫「定家かなづかいと契沖かなづかい」（『続日本文法講座』第二巻　表記編　昭和三十三年六月　明治書院）
永山勇「契沖の仮名遣説と仮名遣」（『言語と文芸』第四十六号　昭和四十一年五月）
遠藤和夫「小林歌城所持本稿本和字正濫鈔考」（『成城大学文芸学部・短期大学部創立二十周年記念論文集』

昭和四十九年六月）
クリス・シーリー「三組の仮名イ・ヰ・エ・ヱ・ヲ・オに対する契沖の観念について」（『語文』〈大阪大学〉第三十六号　昭和五十四年十月）
前田富祺「『倭字古今通例全書』の時代的意義」（『国語学史論叢』昭和五十七年九月）
文化庁『仮名遣い資料集』（国語施策沿革資料1〜5　昭和五十五年三月、昭和五十六三月、昭和五十七年三月、昭和五十八年三月、昭和五十八年九月　文化庁）
築島裕・林勉・池田利夫・久保田淳『契沖研究』（昭和五十九年一月　岩波書店）

歴史的仮名遣いの要点

歴史的仮名遣いは、国語の中に含まれている和語、すなわち、本来の日本語（やまとことば）にも、漢語、すなわち、漢字を字音でよんだ語にも広く適用されるはずだが、実際には、漢語は、多くの場合、漢字で書かれてしまうから、仮名遣いは、いわばその漢字に隠れてしまった形になって表面には出てこない。また、和語の場合も、「川」（かは）、「恋」（こひ）、「故」（ゆゑ）、「顔」（かほ）のように漢字で書かれれば、やはり仮名遣いは問題とならなくなる。結局、「思ふ」「早からう」のように、動詞や形容詞の活用語尾の部分、「行くさうだ」「雨が降りだしたやうだ」のような助動詞や、「自分さへよければ」「少しぐらゐは」のような助詞など、仮名でしか書けないような部分について、問題になることが多いわけである。

第一に、このような部分から始めて見よう。

助動詞と助詞

助動詞の中で、歴史的仮名遣いが「現代かなづかい」と異なるのは、次の語だけである。

㈠断定（指定）の助動詞「だ」の未然形「だろ」は、歴史的仮名遣いでは「だら」である。

〔例〕これは城の跡だらう。

㈡同じく敬意を含んだ断定の助動詞「です」の未然形「でしょ」は、「でせ」である。

〔例〕それはあなたのものでせう。

㈢打消の助動詞「ない」の未然形「なかろ」は、「なから」である。

〔例〕それではとても済まなからう。

㈣丁寧を表わす助動詞「ます」の未然形「ましょ」は、「ませ」である。

〔例〕早く行きませう。

㈤様態・伝聞の助動詞「そうだ」は「さうだ」で、その未然形（様態のみ）は、「さうだら」である。

〔例〕明日は雨になりさうだ。

　　今朝交通事故があったさうだ。

㈥比況の助動詞「ようだ」は「やうだ」となる。

〔例〕この暖かさはまるで春のやうだ。

「一緒にしょう」を「しやう」とするのは誤りである。夏目漱石はときどき誤っている。

助詞の中で、歴史的仮名遣いが問題となるのは、「さへ」「くらゐ（ぐらゐ）」の二語だけである。

この他、現代仮名遣いの「は」「へ」は、本来歴史的仮名遣いである。「現代かなづかい」では、例外的に「は」「へ」を書くのを「原則とする」と規定されており、発音通り「わ」「え」と書いても、厳密な意味では、誤りということにはならなかったのだが、近時発表された国語審議会の答申では、『は』『へ』と書く」というように定め、例外的な取扱いはしない、としている。新聞・雑誌・教科書など、いずれも、この「原則」に従っていて、一般に行われているのが実状である。なお、助詞の「を」だけは、「現代かなづかい」でも、歴史的仮名遣いと同様に、かならず「を」と書くように定められており、「お」は誤りということになる。

動　詞

動詞の中で、まず第一に、ア行またはワ行に活用するものが、問題になる。この種類の動詞の活用語尾は、歴史的仮名遣いでは別の形になることが多い。

口語の動詞には、活用の種類によって、「五段活用」「上一段活用」「下一段活用」「カ行変格活用」「サ行変格活用」の五種類に分けるのが普通である。

㈠五段活用の場合

五段活用には、ア行だけに活用する語はない。たとえば「合う」「言う」は、

未然形　連用形　終止形　連体形　仮定形　命令形

会わ（ない）—い（ます）—う（。）—う（とき）—え（ば）—え（命令）
—お（う）—っ（た）
言《い》わ（ない）—い（ます）—う（。）—う（とき）—え（ば）—え（命令）
—お（う）—っ（た）

のように「わ・い・う・え・お」とア行・ワ行にわたって活用する。これらの語は、歴史的仮名遣いで書くときには、

未然形　連用形　終止形　連体形　仮定形　命令形
会は（ない）—ひ（ます）—ふ（。）—ふ（とき）—へ（ば）—へ（命令）
—は（う）〔つ（た）〕
言は（ない）—ひ（ます）—ふ（。）—ふ（とき）—へ（ば）—へ（命令）
—は（う）〔つ（た）〕

のように、ハ行に活用する。しかも、「現代かなづかい」では、「会わない」「会おう」のように未然形の中に「わ」「お」と二つの違った形があるのに対して、歴史的仮名遣いでは、両方とも「会はない」「会はう」のように一つの形だけであって、オ列音の「ほ」は活用に出て来ず、「は」「ひ」「ふ」「へ」の四つの段だけに限られる。このため、「五段活用」ではなくて「四段活用」と呼ばれている。

ただ音便の形の取扱い方には少し問題があって、「現代かなづかい」で「会った」のような音便の

形を連用形の中に立てているのに対して、歴史的仮名遣いでは「つ」という語尾を活用表の中に含めないことが多い。これは、もとをただせば、口語文法というものが、文語文法の体系をもとにして作られたことによるのだが、歴史的仮名遣いでも、口語文法の場合には、「現代かなづかい」と同じように、連用形に「つ」を認めて、二つの形を併せて記すことが、理論上は認められると思う。しかし、実際には、それはほとんど行われていなかった。

ともあれ、「現代かなづかい」の「ワア行五段活用」は、すべて、歴史的仮名遣いでは「ハ行四段活用」となるのであって、その単語は多数あるが、主なものは、次のようである。

合う　会う　商う　扱う　洗う　争う　言う　祝う　伺う　失う　歌う　疑う　奪う　敬う　占う　潤う　負う　追う　補う　行う　襲う　思う　買う　飼う　通う　競う　食う　狂う　請う　逆らう　慕う　従う　吸う　救う　沿う　戦う　漂う　誓う　違う　使う　償う　繕う　問う　弔う　伴う　願う　這《は》う　払う　拾う　奮う　震う　舞う　惑う　迷う　向かう　養う　結《ゆ》う　酔《よ》う　装う　笑う

㈡上一段活用

上一段活用の中では、「現代かなづかい」でア行に属するものが問題になる。「射る」「居《い》る」「老いる」などがこの中に入るが、これらは、歴史的仮名遣いでは、(1)ハ行のもの、(2)ヤ行のもの、(3)ワ行のもの、の三種類があって、ア行の上一段活用の動詞は一語もない。また、(2)のヤ行の語と、(3)のワ行の語とは、ごく少数の語だけに限られ、その他は⑴のハ行の語であるから、⑵と⑶とだけを記憶しておけば、それ以外はすべてハ行ということになる。

⑵のヤ行上一段の動詞というのは、「射《い》る」「老いる」「悔いる」「報いる」の四つの語だけである。その活用は次のようである。

語幹	未然形	連用形	終止形	連体形	仮定形	命令形
（射《い》）	い（ない）	い（ます）	いる（。）	いる（とき）	いれ（ば）	―いよ ―いろ（命令）
老《お》	―い（ない）	―い（ます）	―いる（。）	―いる（とき）	―いれ（ば）	―いよ ―いろ（命令）

この活用の基幹の部分は「い」だけであるのに、なぜア行でなくてヤ行とするのかというと、実はどうしてもそうでなくてはならないというほどの理由があるわけではない。

ただ、「老いる」「悔いる」「報いる」の諸語は、文語では、終止形が「老ゆ」「悔ゆ」「報ゆ」で、「老い」「老ゆ」「老ゆる」「老ゆれ」「老いよ」のように、ヤ行上二段に活用し、それが後世になってから、上一段に変化した語だからということで、口語でもヤ行上一段としているのである。また、ヤ行上一段活用の「射る」については、語源の上から、「弓」の「ゆ」や、「矢」の「や」と関係があるからというが、語源や古形に遡ったりするのは、現代語の文法で要求すべきことかどうか、議論の分れるところで、歴史的仮名遣いでも、ア行上一段とする論も成立する。また、「鋳《い》る」「沃《い》る」という語もあるが、現代語ではあまり使用しない語であるから、関係は少ない。

(3)ワ行上一段に属する動詞には、「居《ゐ》る」「率《ひき》ゐる」「用《もち》ゐる」などが主なものである。

これ以外のア行上一段活用動詞は、大体ハ行上一段となるのであり、たとえば、「強いる」は

語幹	未然形	連用形	終止形	連体形	仮定形	命令形
強《し》	—い（ない）	—い（ます）	—いる（。）	—いる（とき）	—いれ（ば）	—いよ —いろ（命令）

のように活用するが、歴史的仮名遣いでは、

語幹	未然形	連用形	終止形	連体形	仮定形	命令形
強	—ひ（ない）	—ひ（ます）	—ひる（。）	—ひる（とき）	—ひれ（ば）	—ひよ —ひろ（命令）

となる。

この類では、他に「恋ひる」などがある。

㈢下一段活用

ア行下一段活用は、歴史的仮名遣いについては、次の四つの種類に分けられる。

(1)ア行下一段活用　得《え》る　心得《え》る

(2)ハ行下一段活用　与へる　教へる

(3)ヤ行下一段活用　見える　越える

(4)ワ行下一段活用　飢《う》ゑる　植《う》ゑる　据《す》ゑる

この中で、(1)のア行下一段は、「得《え》る」「心得《え》る」の二語だけしかない。また、(4)のワ行下一段活用は「飢ゑる」「植ゑる」「据ゑる」の三語だけしかない。この他はハ行かヤ行かであるが、両方とも語数が多いから、これだけはどうしても、個々に記憶しなければならない。以前、歴史的仮名遣いが一般に行われていた時代にも、最も誤用が多かったのは、この類であった。ただ、どちらかといえばヤ行の方が比較的少ないから、まずその方を覚えておく方が効果的であろう。

(2)ハ行下一段活用

与へる　訴へる　憂へる　終へる　押へる　教へる　換へる　替へる　数へる　構へる　考へる　鍛へる　加へる　答へる　支へる　添へる　供へる　備へる　耐へる　携へる　仕へる　伝へる　整へる　唱へる　捕へる　控へる　迎へる

(3)ヤ行下一段活用

甘える　癒える　覚える　消える　越える　肥える　凍える　栄える　絶える　生える　映える　冷える　殖える　吠える　見える　燃える　悶《もだ》える

形　容　詞

形容詞の活用は、「現代かなづかい」では、次のようである。

語幹	未然形	連用形	終止形	連体形	仮定形	命令形
高	—かろ（う）	—く —かっ（た） —う*	—い（。）	—い（とき）	—けれ（ば）	○
美し	—かろ（う）	—く —かっ（た） —う*	—い（。）	—い（とき）	—けれ（ば）	○

連用形の音便の形は、「高（たか）」「浅（あさ）」のように、語幹の末尾が「か」「さ」などア列音で終るときには、「たこう」「あそう」のように、語幹の形が変る。また、「美し」「恋し」のように「し」で終る場合は「美しゅう」「恋しゅう」のように「—しゅ」の形に変る。これに対して、歴史的仮名遣いでは、「たかう」「あさう」「美しう」「恋しう」のように、もとのままの形であって、変ることがない。歴史的仮名遣いでの形容詞の活用は、次のようである。

語幹	未然形	連用形	終止形	連体形	仮定形	命令形
高（たか） 美（うつくし）	から （く）	かつ く	い	い	けれ	○

この他、音便形（連用形）に「う」があるが、活用表に入れないのは、動詞と同様である。

動詞・形容詞の語幹は、漢字で書けば、漢字に隠れてしまうことが多い。また、これは個人的に差もあるが、歴史的仮名遣いの場合は、送り仮名も少なく、語幹の一部（活用しない部分）を仮名で書くことは、「現代かなづかい」よりは比較的少ないが、それを含めて、一往、問題となる語を次に挙げておく。

○動詞・形容詞の語幹の「わ」「ゐ」「ゑ」「を」の例は、非常に少なく、大体次のような語である。

あわてる（周章） かわく（乾） ことわる（断） さわぐ（騒） まゐる（参） ゑむ（笑） をかしい（可笑） をかす（犯） をはる・をへる（終） をる（折） をがむ（拝） をさない（幼） をさまる・をさめる（治） をしへる（教） をしい・をしむ（惜） をどる（躍） かをる（薫）

○動詞・形容詞の語幹の「は」「ひ」「ふ」「へ」「ほ」の例は、次のようである。

あふぐ（仰） あらはす・あらはれる（表） あはい（淡） あはせる（合） いきどほる（憤） いはふ（祝） うるほふ・うるほす（潤） うるはしい（麗） おほふ（覆） かへる・かへす（返） かへ

りみる（顧）　かはる（代）　きはまる・きはめる（極）　くつがへす・くつがへる（覆）　くるほしい（狂）　くはだてる（企）　けはしい（険）　こひしい（恋）　こはす・こはれる（壊）　さはる（障）　さへぎる（遮）（この語については問題がある）　しひたげる（虐）　たふす・たふれる（倒）　たくはへる（貯）　たはむれる（戯）　ちひさい（小）　つひえる・つひやす（費）　つたはる・つたへる（伝）　とほい（遠）　とほす・とほる（通）　とどこほる（滞）　なほす・なほる（直）　なげかはしい（嘆）　まはす・まはる（回）　もよほす（催）　やはらかい・やはらぐ・やはらげる（和）　ゆはへる（結）　よそほふ（装）

この他、オ列長音のアウとオウとの区別に関するもので、

かうむる（被）　さうらふ（候）　たふとい・たふとぶ（尊）　はうむる（葬）　まうける（設）　まうす（申）　まうでる（詣）

などがある。また、動詞・形容詞の語幹の「じ」「ぢ」「す」「づ」の使い分けとして、主な語に次のようなものがある。

あぢはふ（味）　あづかる・あづける（預）　うずくまる（蹲）　うづまる・うづめる（埋）　おとづれる（訪）　きづく（築）　くづす・くづれる（崩）　けづる（削）　さづかる・さづける（授）　しづまる・しづめる（静）　たづさへる・たづさはる（携）　たづねる（尋）　はづかしい（恥）　はづす・はづれる（外）　はずむ（弾）　まじへる・まじる・まじはる（交）　まづしい（貧）　むづかしい（難）

めづらしい（珍）　ゆづる（譲）　わづらふ（患）

副詞など

副詞、連体詞、接続詞、感動詞などは、以前には漢字で書くことが多かったが、近ごろは仮名書きが多くなった。その結果、歴史的仮名遣いと異なった現代仮名遣いの仮名書きの副詞の例は少なくない。よく用いられる副詞の例を挙げて見る。

（現代かなづかい）	（歴史的仮名遣い）
こう（いう）	かう（いふ）
そう（いう・して）	さう（いふ・して）

「どう」「もう」は、歴史的仮名遣いも同じである。

あえて	あへて
あわせて	あはせて
かえって	かへって
きょう	けふ
きのう	きのふ
まず	まづ

みずから　　　　みづから

また、漢語の副詞や形容動詞の類も、近ごろは仮名で書くことが多くなって来たが、それらの中で、常用漢字の音訓表でも認められているもの、たとえば「元来」「一応」「一往」「一層」「非常に」などは、漢字で書く場合には問題ないが、最近は「がんらい」「いちおう」「いっそう」「ひじょうに」などと仮名で書くことが多くなって来た。歴史的仮名遣いの場合は、これらの副詞は漢字で書くことが多いが、もし仮名で書くとするならば、「元来」は「ぐわんらい」、「一往」は「いちわう」（「一往」「一応」は両方使われる。「応」は普通「おう」とされているが、「をう」である可能性もあるようだ）、「ひじやうに」となる。

名詞・代名詞など

名詞や代名詞は、仮名よりも漢字で書く場合が多い。ことに、漢語などはそうである。だから、現実に歴史的仮名遣いで書く場合は、あまり多くない。しかも、次に挙げるように、いくつかの法則性のようなものもあるから、これらを理解しておけば、便利であろう。（形容動詞の語幹も含む）

㈠「あ」「い」「う」「え」「お」は、語の最初にある場合が多く、語の中や末に来る場合は少なくて、主として次のような語である。

○「い」

おい（老） かい（櫂） かいまき（掻巻） くい（悔） さいはひ（幸） さいさき（幸先） たいまつ（松明） ついたち（朔日） ついたて（衝立） むくい（報）

○「え」

こごえ（凍） さえ（冴） ふえ（笛） やまごえ（山越）

など。ヤ行下二段活用の連用形から名詞に転成したものが多い。

㈡「ゐ」「ゑ」「を」は、語頭・語中・語末を問わず、一般に使用される例が少ない。また、「わ」は、語頭に用いられることは多いが、語中や語末に来ることは少ない。

○「わ」が語中・語末に来る語

あわ（泡） かわき（乾） さわぎ（騒）

○「ゐ」を含む語

あゐ（藍） ゐど（井戸） ゐのしし（猪） くらゐ（位） くれなゐ（紅）

○「ゑ」を含む語

ゑがく（画） いしずゑ（礎） こゑ（声） すゑ（末） つゑ（杖） つくゑ（机）（「つくえ」が正しいとする説もある） ゆゑ（故）

○「を」を含むもの

あを（青） うを（魚） をか（丘） をけ（桶） をす（雄） をぢ（伯父・叔父） をつと（夫） をと

こ（男） をとめ（乙女） をどり（踊） をの（斧） をんな（女） さを（棹） しをり（栞） とを（十） みさを（操）

他の大部分は、語中語尾では「は」「ひ」「ふ」「へ」「ほ」である。

○「は」の例、あは（粟） いは（岩） うつは（器） かは（川） きは（際） さいはひ（幸） しあはせ（幸） しはす（師走） たはら（俵） なは（縄） には（庭） にはとり（鶏） まはり（周） やはらか（和） わざはひ（災）

○「ひ」の例

あたひ（価） あひだ（間） いきほひ（勢） かひ（貝） かひこ（蚕） こひ（恋） こひ（鯉） さいはひ（幸） さむらひ（侍） たひ（鯛） たひら（平） まひ（舞） まひご（迷子） やまひ（病） よひ（宵） わざはひ（災）

○「ふ」の例

あふひ（葵） あふぎ（扇）

○「へ」の例

いへ（家） うへ（上） とへはたへ（十重二十重） なへ（苗） まへ（前） ゆくへ（行方）

○「ほ」の例

いきほひ（勢） おほ（大） おほせ（仰） おほやけ（公） かほ（顔） こほり（氷） しほ（塩）

ほのほ（炎）　やほや（八百屋）

「じ」「ぢ」「ず」「づ」の区別

これは、以上の諸例と同じように、個別的なもので、一つ一つ記憶するより他に手はないが、問題になる語はそれほど多いわけではない。

○「じ」の例

うじ（蛆）　みじめ（惨）

○「ぢ」の例

あぢ（味）　うぢ（氏）　かぢ（舵）　くぢら（鯨）　すぢ（筋）　もみぢ（紅葉）　はぢ（恥）　ふぢ（藤）

○「ず」の例

かず（数）　きず（傷）　くず（葛）　はず（筈）　はずみ（弾）　ひずみ（歪）

○「づ」の例

あづき（小豆）　いづみ（泉）　うづ（渦）　きづな（絆）　くづ（屑）　さかづき（杯）　しづか（静）

しづく（滴）　みづ（水）　みづうみ（湖）

この他、アウ・オウの区別に関する語で、

すまふ（相撲）　なかうど（仲人）　むかふ（向）　かかうど（若人）

などがある。「すまふ」「むかふ」については、「すまう」「むかう」が正しいとする説もある。

『歴史的仮名遣い―その成立と特徴―』を読む

月本雅幸

築島裕『歴史的仮名遣い―その成立と特徴―』は中公新書の第八一〇冊として、昭和六一年（一九八六）七月二五日に中央公論社から刊行された。平成六年（二〇〇四）七月二二日の五刷まで刊行されている。今回吉川弘文館から再刊されるに当たり、以下に若干の解説を加えるものである。

著者の築島裕《つきしまひろし》（以下、「著者」と呼ぶ）は大正一四年（一九二五）東京に生まれ、昭和二三年（一九四八）九月に東京大学文学部国文学科を卒業し、同二七年には中央大学文学部助教授、同三〇年に東京大学教養学部専任講師、同三三年に助教授を経て同三九年には東京大学文学部助教授に転じ、同五一年に教授に昇任した。昭和六一年（一九八六）に東京大学を停年退官し、東京大学名誉教授の称号を受けると共に、中央大学文学部教授となった。平成八年（一九九六）に同大を退職している。この間、国語学会代表理事、国語審議会委員、文化財審議会第一専門調査会長等の職を歴任し、平成七年に日本学士院会員に選ばれ、同八年には勲二等瑞宝章を授けられた。平成二三年（二〇一一）四月に病気のため逝去した。享年八五歳であった。

著者の専門は国語学、その中でも過去の日本語の実態を解明する国語史学の研究者として知られ、特に漢文に日本語としての読み方を記入した「訓点資料」とその言語の研究で著名であった。主著に『平安時代の漢文訓読語につきての研究』、『興福寺本大慈恩寺三蔵法師伝古点の国語学的研究』三冊、『平安時代語新論』（以上、東京大学出版会）、『平安時代訓点本論考』二冊、『訓点語彙集成』九冊（以上、汲古書院）がある。

著者の五〇冊近い単著・共著の中には本書を除いて新書本はなく、また、約四五〇編の学術論文の中にも専ら仮名遣いを論じたものはほぼ皆無である。これから見れば、著者の著作の中で本書はある面で異彩を放っているということができる。しかし、他の面から見れば、解説者（月本のことを以下こう呼ぶ）には、著者が第二次大戦後一貫して仮名遣いの問題に関心を抱き続けて来たと感じられるのである。

「はしがき」の中で著者は大略次のように述べる。

・昭和二一年（一九四六）に「現代かなづかい」が公布された。
・恩師時枝誠記（一九〇〇〜一九六七）はその論理的不整合を鋭く批判し、自らも「歴史的仮名遣い」を使用し続けた。
・自分はその影響を強く受け、今後の推移を見定めることとして、論文の原稿については「歴史的仮名遣い」を使用し続けて来た。

・今般、昭和六一年（一九八六）三月に国語審議会は文部大臣に対し「改定現代仮名遣い」を答申した。

・これを機会に仮名遣いの本質について考えを深め、特に「歴史的仮名遣い」の由来や実態を考えて見ることに意味があると思うようになった。

・出版社からの求めもあり、前著「仮名」では仮名遣いのことが紙幅の都合で十分に書けなかったのを補う意味もあり、執筆をすることとした。

国語学者（日本語学者）の間ではよく知られていることだが、著者は通常歴史的仮名遣いを使用していて、それは書簡等でも同様であった。ただ、一般向けの著作、教科書類などについてのみ、「現代かなづかい」を使用したのであり、言わば仮名遣いの使い分けをしていたことになる。いささか皮肉だが、本書は著者が普段使い慣れている歴史的仮名遣いを使用せずして、その歴史的仮名遣いを論じた書物なのである。

「はしがき」の通り、著者は以前の著書『日本語の世界　5仮名』（昭和五六年、中央公論社）において、第五章「仮名遣の展開」として約二二頁に亘って仮名遣いの起源などについて述べている。これを大幅に増補改訂したものが、本書なのである（因みにこの『仮名』は平仮名・片仮名の起源と発達を詳述したものとして、今なお高い価値を有している）。

実は、著者にはこれよりも前に、古田東朔（一九二五～）との共著『国語学史』（昭和四七年、東京大学出版会）があり、その第二章第五節には「仮名遣の起源と発達」として八頁の記述があり、本書の内容の原型は少なくともここまで遡ることができる。

本書の構成は次の通りである。

はしがき
序　仮名遣いとは何か
一　仮名遣いはなぜ起こったか――いろは歌の成立とその展開
二　仮名遣いの説の始まり――定家仮名遣いの出現
三　中世における仮名遣い説の諸相――定家仮名遣いへの追随と批判
四　仮名遣いの説の大転換――契沖の仮名遣い説
五　歴史的仮名遣いの発展――契沖説の継承と考証の深まり
六　字音仮名遣いについての研究――漢字音研究の仮名遣い説への導入
七　明治時代以後の仮名遣い――歴史的仮名遣いの飛躍的普及
おわりに・注・参考文献・歴史的仮名遣いの要点・索引

まず「序」において著者は「仮名遣い」の用語が二つの意味を持っていることを述べる。即ち、一つはある文献の仮名がどのように使われているかという「実態」を示すもので、他の一つは仮名で言いとする。

葉を書き表すに当っての「規則」を指すものであるとする。現代人は専ら第二の意味を「仮名遣い」の意義として怪しまないが、実はこのように社会的に広くこの規則が行われたのは明治以後に過ぎな

「一」では平安時代に「いろは歌」が成立した後、日本語の音節一覧表であるという観念が生じ、その中で、日本語に起こった音韻変化の結果、「お」と「を」は完全に発音の区別が消滅し、この二つを区別すべきであるという考えが出て来たのが規則としての「仮名遣い」の起源であるとする。

「二」では藤原定家がその著『下官集』において、仮名遣いの規則を定め、特に同音に帰していた「お」と「を」については、当時の京都アクセントの高低によって区別をしたこと、またその仮名遣いを文献の書写の際に実行していたことを大野晋（一九一九〜二〇〇八）の研究に従って述べている。

「三」では定家以後、定家仮名遣いへの批判や疑問を呈する者もあった一方で、定家は次第に神格化され、その仮名遣いが歌文の写本のみならず、辞書の世界にも進出したことを述べている。

「四」では江戸時代中期の僧侶契沖がその著『和字正濫鈔』等において、仮名遣いは延喜・天暦年間（一〇世紀前半）より以前の仮名の用法に従って決められるべきとして、歴史的仮名遣いの基礎を築いたことを詳述している。

「五」では契沖の説を受け、さらに仮名書きの古い例を集めて歴史的仮名遣いを補強した楫取魚彦の『古言梯』、またいろは四七音以外の仮名の書き分けについて論じた石塚龍麿や奥村栄実の研究に

ついて述べる。

「六」では大部分和語のみについて行われた契沖の仮名遣い説に対し、漢字の音読みに関する仮名遣いをも同様に考える必要のあることを述べ、本居宣長らの研究とそれがいかに現代に至るまで補訂されて来たかを述べる。

「七」では明治時代以後、学校教育に全面的に採用された歴史的仮名遣いがどのように社会全体に広がって行ったかについて述べる。

本書は全体的に見て、新しい知見に満ちているというよりは、むしろ従来の学説を要領よくまとめたものとすべきであろう。実は、本書の「四」や「五」の内容は格別新しいものではない。契沖の仮名遣い説は明治に至り、学校教育に採用され、そのこともあって契沖に対する評価は極めて高いものがあった。昭和の戦前までは、日本語研究の歴史を契沖以前と契沖以後に分け、契沖を本格的な日本語研究の最初のものとすることが一般的であった。その中で契沖の説は詳細に祖述されて来たのである。また戦後に至っても、同様のことが本書に先立って述べられている（例えば国語学会編『国語学大辞典』の「歴史的仮名遣い」の項、峰岸明執筆、昭和五五年）。

しかし、本書のように、定家の仮名遣い説、契沖の仮名遣い説、また字音仮名遣いについての説を総合的に詳説し、かつ、コンパクトな新書本にまとめたものは類例がなく、ここに本書の価値があると考えられるのである。また、次の諸点は著者の指摘として注目すべきであると思われる。

ご氏名《ふりがな》	年齢　　歳　男・女
〒 □□□-□□□□ ご住所	電話
ご職業	所属学会等
ご購読 新聞名	ご購読 雑誌名

今後、吉川弘文館の「新刊案内」等をお送りいたします(年に数回を予定)。
ご承諾いただける方は右の□の中に✓をご記入ください。　□

注 文 書

月　　日

書　　名	定　価	部　数
	円	部
	円	部
	円	部
	円	部
	円	部

配本は、○印を付けた方法にして下さい。

イ. 下記書店へ配本して下さい。

(直接書店にお渡し下さい)

(書店・取次帖合印)

書店様へ=書店帖合印を捺印下さい。

ロ. 直接送本して下さい。

代金(書籍代+送料・手数料)は、お届けの際に現品と引換えにお支払下さい。送料・手数料は、書籍代計1,000円未満500円、1,000円以上205円です(いずれも税込)。

＊お急ぎのご注文には電話、FAXもご利用ください。
電話 03−3813−9151(代)
FAX 03−3812−3544

・「古今和歌集」をはじめとする平仮名文献について、アクセントを示す声点を記入するようになったのは、恐らく藤原定家の創案になるものである。(三)
・契沖は和歌和文に使用される語彙だけではなく、漢文訓読にのみ使われる語についても仮名遣いを定めているので、彼は仮名遣いが広く日本語の文章全体に適用されるべきだと考えていたことになる。(四)
・本居宣長が撥韻尾を一律に「―ン」で書くべしと誤った主張をした原因は、「いろは歌」に本来「ん」が含まれていなかったことにある。(六)

最後に本書の問題点として二点を挙げて検討する。

「おわりに」で著者自身が述べているように、明治以後の仮名遣い問題、特に国語政策としての仮名遣いについてはそれほど多くの紙幅が費やされている訳ではなく、読者の間には不満を感じられる向きもあろう。しかし、種々の点から見て、著者はこれらの研究を当時精力的に研究を進めていた古田東朔らに委ねたいと考えていたものと看取される。

また、本書ではあくまでも歴史的仮名遣いの成立と発展を中立的な視点から扱っており、仮名遣いの今後のあり方については何も述べない。しかし、解説者は著者が今後とも歴史的仮名遣いは尊重されるべきであるとの信念を抱いていたと見る。それは本書の巻末に収められた「歴史的仮名遣いの要点」が注目すべきものであるからである。例えば動詞の中の下一段活用のものについて、著者は次のように述べる。

ア行下一段は、「得る」「心得る」の二語だけしかない。（中略）ワ行下一段活用は「飢ゑる」「植ゑる」「据ゑる」の三語だけしかない。この他はハ行かヤ行かであるが、両方とも語数が多いから、これだけはどうしても、個々に記憶しなければならない。（中略）どちらかといえばヤ行の方が比較的少ないから、まずその方を覚えておく方が効果的であろう。

一見して明らかなように、これは「歴史的仮名遣いの原理の要点」などではなく、「歴史的仮名遣いを暗記するための要点」であって、歴史的仮名遣いを日常的に使おうとする人への手引きなのである。この「要点」はあるいは、別の機会に作成され、ここに転載されたのかもしれないが、もしそうだとしても、著者の日常的な考えがここに窺われると思われる。

ならば、なぜ著者は本書で仮名遣いのあるべき姿を語らなかったのであろうか。ここで思い合わされるのは著者が前述の通り、国語審議会（当時）の委員であったことである。著者は第一一、一五、一六、一七、一八期の国語審議会委員を通算一〇年間務めた。特に一五、一六期（昭和五七年三月〜六一年四月）には仮名遣い委員会委員及びその中の仮名遣い小委員会委員を務めている（文化庁『国語施策百年史』、平成一七年による）。昭和六一年三月には同審議会が「改定現代仮名遣い」を答申しているのであるから、著者はこの審議、策定に直接深く関与したことになるのである。本書の刊行はまさにその直後であり、執筆は当然ながら審議期間中に行われていたであろう。歴史的仮名遣いの使用者である著者が、審議の過程でどのような立場からどのような発言をしたかは明らかでないが、本書で仮名遣いのあるべき姿が書かれないことの背景にはこのような事実があると、解説者は推測するものである。そしてこのことは同時に、「はしがき」で述べるように本書の執筆の契機ともなっていたのである。

この解説を執筆するに当り、本書を読み直して見ると、一つ一つの文献を丁寧に解読し、同時にその意味や位置付けを明確にして行くという、国語史学の大家として知られた著者ならではの手法が改めて明らかになる。一読者の立場としては、本書に書いて欲しかったことはいくつもあり、例えば「歴史的仮名遣い」という用語を初めて用いたのが誰であるか、また、そもそもなぜ「仮名づかい」には「使」ではなく「遣」の文字を使うのかなど、知りたいことは数多いが、それは後に残された者が考えるべきことなのであろう。

（東京大学大学院教授）

本書の原本は、一九八六年に中央公論社より刊行されました。

索　　引

ア　行

ア行のエとヤ行のエ……………………115
あるいは……………………………160
青柳達雄……………………………151
秋永一枝……………………………59
有坂秀世…………………114, 163, 166
安然…………………………………124
いちょう……………………………160
いろは歌………………24, 26, 111, 117
井之口孝……………………………100
『伊勢物語』…………………………52
飯田利行……………………………163
池田亀鑑……………………………90
池田幽雪……………………………75
石川啄木……………………………152
石坂正蔵……………………………49
石塚龍麿……………………………112
板垣宗膽……………………………101
一条兼良……………………………60
『一歩』……………………………70
市岡猛彦……………………………110
稲掛大平……………………………112
今井似閑……………………97, 103
『韻鏡』……………………92, 125, 129
『色葉字類抄』…………………34, 42
うず(づ)くまる……………………162
『浮雲』……………………………149
『謡開合仮名遣』……………………75
『謡文字開合秘伝』…………………75
『運歩色葉集』………………………65
『詠歌大概』…………………40, 52
『易林本節用集』……………67, 101
円仁…………………………………124
およぶ………………………………160
おを所属弁……………………127, 128
『小倉百人一首』……………………52
鴨東蔌父……………………………72
大島正健……………………………163
大槻文彦……………………147, 157
大友信一……………………………46
大野晋……………36, 42, 48, 56, 100
大矢透……………15, 92, 116, 157, 163, 165
太田全斎(方)………………………133
『奥儀抄』……………………………43
奥村栄実……………………………114
奥村三雄……………………………163
『送仮名法』…………………………157
『音韻仮字用例』………………137, 165
『音韻断』……………………………134
『音韻調査報告書』…………………157
飲光(おんこう)……………………125

カ　行

かなのくわい………………………164
『下学集』……………………………67
仮名垣魯文…………………………148
『仮名源流考』………………………157
仮名遣い……………………………14
『仮名遣及仮名字体沿革史科』……15, 157
『仮名遣近道』………………60, 71
『仮名文字遣』……………45, 52, 65, 91, 122
『仮字用格奥能山路』………………112
『佳人之奇遇』………………………148
『河海抄』……………………………28
『花鳥余情』…………………………61
賀茂真淵……………………104, 108
『雅言仮字格』………………………110
海北若沖……………………………103
覚鑁…………………………………28
楫取魚彦(かとりなひこ)…………104, 108
『悲しき玩具』………………………152
『漢語音図』…………………………133
『漢字三音考』………………130, 132

『漢字要覧』……157
寛智……31, 124
木村晟……46
義門……135
『疑問仮名遣』……156, 158
『北辺随筆』……116
旧草子……18, 41
経尊……36
行阿(源知行)……45, 47, 122
『近代秀歌』……39
『金槐和歌集』……42
『孔雀経音義』……23
『公事根源』……61
空海……26
草鹿砥宣隆……113
黒川春村……137
『下官集』……35, 40, 91, 98, 122
『下官抄』……40
契沖……17, 65, 77, 125
『蜆縮凉鼓集』……72, 95
『言海』……147
『原中最秘抄』……47, 55
現代かなづかい……12
『源氏物語』……42, 47, 52, 55
『源氏物語奥入』……42
『こゝろ』……152
小林芳規……44
小松英雄……43
『古今訓点抄』……59
古今伝授……58
『古今童蒙抄』……61
『古今和歌集』……39, 52, 89, 122
——の声点……58
『古言衣延辨』……115
『古言衣延辨証補(補考)』……116
『古言清濁考』……113
『古言梯』……103, 107
『古言別音鈔』……113
『古事記伝』……113
『古本節用集』……67
五音相通……61
五十音図……24, 31, 61, 85, 117
『後撰和歌集』……39, 52
『口語法・口語法別記』……157
『口語法調査報告書』……157
弘法大師(空海)……26
『好古日録』……118
幸田露伴……150
喉音三行辨……127
『江談』……27
国語調査委員会……156, 157
国立国語研究所……149
『近衛豫楽院筆文字仕』……50
『金光明最勝王経音義』……24, 30
『言塵集』……50

サ　行

さいぎる……160
さうらふ……160
榊原芳野……116, 140
『更級日記』……39, 52
四声……56, 125
『紫明抄』……55
「じ」「ぢ」「ず」「づ」の区別……73, 95
字音仮名遣い……120
『字音仮字用格』……110, 126, 137, 165
『悉曇要集記』……31
『周代古音考』……157
『拾遺愚草』……39, 45, 52
『拾遺和歌集』……52
『小学教科書』……141
小学校令施行規則……155
『小学読本』……142
『小学入門』……141, 142
『掌中古言梯』……110
上代特殊仮名遣い……20, 112
成俊……53
承澄……124
浄厳……86, 125
常用漢字表……12
白井寛蔭……137
信範……124, 125
『新古今和歌集』……39, 52
『新撰仮名文字遣』……63, 95

『新撰公私用文』……144
『新撰字鏡』……108
『新勅撰和歌集』……39, 52
『塵添壒囊鈔』……65
『水原抄』……47, 55
『西洋道中膝栗毛』……148
青谿書屋本『土左日記』……89
『節用集』……67
仙覚……54
『仙源抄』……55

タ　行

「たけくらべ」……150
たぢろぐ……161
『田中宗清願文集』……44
陀羅尼……124
太宰春台……118, 125
泰山蔚……134
『大言海』……147
『大日本国語辞典』……147
『大般涅槃経』……28
『大般若経音義』……32
高橋富兄……116
高松正雄……163
橘忠兼……35
橘成員……97
『地名字音転用例』……132
長慶天皇……57
重誉(ちょうよ)……32
定家仮名遣い……17, 39, 52
『定家卿口伝』……49
『庭訓往来』……65
『徹書記物語』……58
『土左日記』……39, 52, 89
当用漢字……12
『当流謡百番仮名遣開合』……75
東海散士……148
東条義門……135
藤貞幹……118
動詞の活用……61
時枝誠記……13

ナ　行

那珂通高……141
夏目漱石……151
『男信』(なましな)……135
『日本書紀』(岩崎本)……62
『日本書紀纂疏』……61
『入道大納言資賢卿集』……48
沼本克明……163

ハ　行

橋本進吉……66, 114, 160
林泰輔……157
林義雄……105, 107, 109
『反音作法』……25
樋口一葉……150
『人丸秘抄』……50
富士谷御杖……116
二葉亭四迷……149
『風流仏』……150
藤井貞幹……118
藤原(二条)為氏……39
藤原(冷泉)為相……39, 52
藤原(京極)為教……52
藤原定家……17, 35, 39, 52, 58, 122
古田東朔……140, 143
『文藝類纂』……143
ヘボン……145
平安かなづかい……17
『平家物語につきての研究』……157
『僻案』……40
棒引仮名遣い……154
「坊ちゃん」……151
堀秀成……135

マ　行

『万葉緯』……103
『万葉集』……18, 47, 54, 122
『万葉代匠記』……77
『密厳諸秘釈』……28
満田新造……163, 164
源親行……47, 74

源知行(行阿)……45, 47, 122
『名語記』……36
む(-m)・ん(-n)の区別……130
村田春郷……108
村田春海……108
明覚……25, 124
『もじごゑのかなづかひ(字音仮字用格)』……126
もちゐる……160
物集高見……140
本居清造……156
本居宣長……110, 112, 126
文雄(もんのう)……91, 93, 125

ヤ　行

山田忠雄……66
山田孝雄……86, 157
『郵便報知新聞』……149
吉沢義則……89
吉田元正……63, 95

ラ　行

『類聚名義抄』……44, 162
冷泉持為……61
歴史的仮名遣い……11

ワ　行

『和英語林集成』……144
『和訓類林』……103
『和玉篇』……67
『和字正濫鈔』……65, 74, 78, 125
『和字正濫通妨鈔』……56, 94, 98, 100
『和字正濫要略』……96, 99
『和名類聚抄』……78, 109
『倭字古今通例全書』……98
度会延明……59

著者略歴
一九二五年　東京世田谷に生まれる
一九五二年　東京大学文学部大学院満期退学
中央大学助教授、東京大学助教授・教授、中央大学教授を歴任
一九六四年　日本学士院賞受賞
一九九六年　日本学士院会員
二〇一一年　没

〔主要著書〕
『平安時代の漢文訓読語につきての研究』（東京大学出版会、一九六三年）、『国語の歴史』（東京大学出版会、一九七七年）、『平安時代の国語』（東京堂出版、一九八七年）、『平安時代訓点本論考研究篇』（汲古書院、一九九六年）、『訓点語彙集成』八巻（汲古書院、二〇〇四年～二〇〇九年）

読みなおす日本史

歴史的仮名遣い
その成立と特徴

二〇一四年（平成二十六）二月一日　第一刷発行
二〇一四年（平成二十六）九月一日　第三刷発行

著　者　築《つき》島《しま》裕《ひろし》
発行者　吉川道郎
発行所　株式会社　吉川弘文館
郵便番号一一三―〇〇三三
東京都文京区本郷七丁目二番八号
電話〇三―三八一三―九一五一〈代表〉
振替口座〇〇一〇〇―五―二四四
http://www.yoshikawa-k.co.jp/
組版＝株式会社キャップス
印刷＝藤原印刷株式会社
製本＝ナショナル製本協同組合
装幀＝清水良洋・樋口佳乃

ISBN978-4-642-06573-3

読みなおす日本史

刊行のことば

現代社会では、膨大な数の新刊図書が日々書店に並んでいます。昨今の電子書籍を含めますと、一人の読者が書名すら目にすることができないほどとなっています。ましてや、数年以前に刊行された本は書店の店頭に並ぶことも少なく、良書でありながらめぐり会うことのできない例は、日常的なことになっています。

人文書、とりわけ小社が専門とする歴史書におきましても、広く学界共通の財産として参照されるべきものとなっているにもかかわらず、その多くが現在では市場に出回らず入手、講読に時間と手間がかかるようになってしまっています。歴史の面白さを伝える図書を、読者の手元に届けることができないことは、歴史書出版の一翼を担う小社としても遺憾とするところです。

そこで、良書の発掘を通して、読者と図書をめぐる豊かな関係に寄与すべく、シリーズ「読みなおす日本史」を刊行いたします。本シリーズは、既刊の日本史関係書のなかから、研究の進展に今も寄与し続けているとともに、現在も広く読者に訴える力を有している良書を精選し順次定期的に刊行するものです。これらの知の文化遺産が、ゆるぎない視点からことの本質を説き続ける、確かな水先案内として迎えられることを切に願ってやみません。

二〇一二年四月

吉川弘文館

読みなおす日本史